EINFACH
gesund
ESSEN

DU BIST, WAS DU ISST – DU BIST, WAS DU VERDAUST

Wie ernährst du deinen Körper, deine 100 Billionen Zellen? Mit frischen, vitalstoffreichen Lebensmitteln – also viel Obst und Gemüse – oder mit eingepackten, eingeschweißten und stark verarbeiteten Gerichten voller Chemikalien? Du bist, was du isst. Aus dem Essen, mit dem man seinen Körper ernährt, bastelt er neue Zellen. Sekunde um Sekunde, Tag für Tag, Jahr für Jahr, damit die Maschine Mensch optimal laufen kann.

Idealerweise sollten täglich fünf bis sieben Portionen Obst und Gemüse konsumiert werden, um dem Körper alle notwendigen Vitalstoffe wie Vitamine, Mineralstoffe, Enzyme, Amino- sowie Fettsäuren und sekundäre Pflanzenstoffe zur Verfügung zu stellen. Diese benötigt er für den reibungslosen Ablauf aller Körperfunktionen und um fit und gesund zu bleiben. Hand aufs Herz: Wer konsumiert wirklich die fünf bis sieben Portionen Obst und Gemüse, die Gesundheitsorganisationen zur Erhaltung guter Gesundheit vorschlagen? Leider nur die Wenigsten. Fünf bis sieben

Portionen Obst und Gemüse müssen jedoch keine unüberwindbare Hürde sein, denn mit den hier vorgestellten Rezepten für frisch gepresste Säfte, Smoothies, Powershots, Suppen, Salate und Bowls lässt sich das durchaus realisieren. So enthalten zum Beispiel zwei Gläser frisch gepresster Saft bereits die erstrebenswerte Menge! Wer fit, vital und gesund bleiben möchte, sollte also sein Augenmerk darauf legen, lieber die zugeführten Vitalstoffe als die Kalorien zu zählen.

Natürlich ist es nicht ganz einfach, von alten Gewohnheiten Abschied zu nehmen, Gedankenmuster zu durchbrechen und vor allem den inneren Schweinehund zu überwinden. Langfristig wird sich das Umdenken hin zu einer gesünderen Lebensweise aber auf alle Fälle auszahlen. Schließlich nutzen wir den ganzen Tag die unglaublichen Fähigkeiten des Körpers. Er läuft mit uns meilenweit, trägt die schwersten Taschen, entdeckt mit uns traumhafte und farbintensive Landschaften, hört mit uns die schönste Musik, erlebt mit uns die tollsten

Glücksgefühle, riecht die schönsten Düfte und denkt mit uns den ganzen Tag. Erst wenn es einmal nicht mehr so gut läuft, kommt man ins Grübeln, dass man mehr Rücksicht auf den Körper nehmen sollte und ihm mehr Gutes tun könnte. Was passiert, wenn man seinem Körper wirklich die Lebensmittel gibt, die er haben möchte, um daraus starke und voll funktionstüchtige Zellen zu basteln? Die Haare werden kräftiger und glänzender, die Sehschärfe kann sich verbessern, die Haut frischer und praller wirken, das Herz ruhiger und gleichmäßiger schlagen, Konzentration und Reaktionsfähigkeit können sich verbessern. Man fühlt sich wieder voller Energie und viel leistungsfähiger.

Man muss aber nicht sofort über Nacht zum Vegetarier, Veganer oder Rohköstler mutieren. Vielmehr geht es in diesem Ratgeber darum, wie man täglich und auf einfache Art und Weise mehr vitalstoffreiche Lebensmittel zu sich nehmen und den Körper damit richtig ernähren kann.

Der Fokus der hier vorgestellten Rezepte liegt auf einer pflanzenbasierten Ernährung, die reich an ungesättigten Fettsäuren und Ballaststoffen, sowie an Vitaminen, Mineralstoffen, und sekundären Pflanzenstoffen ist. Im Mittelpunkt stehen Obst und Gemüse, Vollkornprodukte sowie eine Vielzahl eiweißreicher Lebensmittel wie Bohnen, Linsen, Erbsen, Nüsse und Samen. Fettarme Milch und Milchprodukte, Fisch und Meeresfrüchte, mageres Fleisch, Geflügel und Eier können nach Wunsch und Vorlieben in den Speiseplan aufgenommen werden, stehen jedoch nicht im Mittelpunkt der pflanzenbasierten Ernährung.

Viel Spaß beim Entdecken und Ausprobieren der leckeren und nährstoffreichen Rezepte! Diana Pyter

DIE GEHEIMNISSE DER LANGLEBIGSTEN VÖLKER

Wie könnte eine gute Ernährung aussehen? Dazu ist es hilfreich einen Blick auf die Ernährung der Menschen zu werfen, die sehr lange leben. Auf unserer Erde gibt es Gegenden, in denen die Menschen bei guter Gesundheit überdurchschnittlich alt werden. Diese Gegenden heißen blaue Zonen und befinden sich in Sardinien (Italien), Okinawa (Japan), Nicoya (Costa Rica), Ikaria (Griechenland) und Loma Linda (Kalifornien). Dort leben Bevölkerungsgruppen mit der höchsten Anzahl an Hundertjährigen. Der US-Forscher und Autor Dan Buettner hat gemeinsam mit National Geographic und einem Team von Wissenschaftlern die Lebensweise der Menschen in den blauen Zonen untersucht. Dabei konnten sie feststellen, dass die Menschen dort mehrere gemeinsame Verhaltensweisen haben und Ähnlichkeiten beim Lebensstil aufweisen, obwohl sie verschiedene Nationalitäten und Religionen haben und unterschiedlicher Rasse sind.

Die wichtigsten Gemeinsamkeiten:
- Familiäre Verbundenheit
- Vermeiden von Rauchen
- Pflanzenbasierte Ernährung
- Moderate und tägliche Aktivität
- Soziales Engagement
- Das Leben genießen

Die Menschen in den blauen Zonen genießen ihre Lebensqualität. Sie erfreuen sich auch im hohen Alter noch guter Gesundheit und haben ein deutlich geringeres Risiko für Herzinfarkte, Schlaganfälle, Krebs, Osteoporose, Alzheimer und Demenz. Viele kennen nicht einmal das Wort Rente und arbeiten auch im hohen Alter immer noch auf den Feldern, fahren Fahrrad und erklimmen Berge.

bewussteren Lebensstil pflegt. Wissenschaftler haben beispielsweise auch herausgefunden, dass unsere Lebensdauer und die Entwicklung von Krankheiten nur zu zehn Prozent von den Genen bestimmt wird, aber zu 90 Prozent vom eigenen Lebensstil. Das zeigt, dass wir Vieles selbst steuern können.

Das kann man von langlebigen Völkern lernen

Ernährung auf pflanzlicher Basis – vollwertiges Essen

Die Hundertjährigen sind nicht unbedingt Veganer oder Vegetarier, aber sie essen vorwiegend pflanzliche Nahrung, bauen diese selbst an und nutzen die Produkte aus ihrer Region. Sie essen nährstoffreiche Lebensmittel aus ihren eigenen Gärten ergänzt mit kleinen Mengen an tierischem Protein, Hülsenfrüchten, nicht gentechnisch manipulierten Vollkornprodukten, Süßkartoffeln und Maistortillas. Vor allem Gemüse, Früchte, Kräuter, Nüsse, Samen, Bohnen, Hülsenfrüchte, hochwertige Fette wie Olivenöl, hochwertige Milchprodukte wie Ziegenmilch und hausgemachter Käse, fermentierte Produkte wie Joghurt, Kefir, Tempeh, Miso und Natto sowie Vollkornprodukte wie Weizen oder Mais stehen auf dem Speiseplan. Diese Nahrungsmittel versorgen den Körper mit vielen Antioxidantien, regulieren das natürliche Hungergefühl und verhindern Entzündungen, die der Grund für viele Krankheiten sind. Pflanzliche Nahrungsmittel liefern viele Ballaststoffe, Antioxidantien, Vitamine sowie lebenswichtige Mineralien. Fleisch steht in der Regel nur ein paar Mal im Monat auf der Speisekarte. Häufiger essen sie dagegen Fisch, Eier, Ziegen- und Schafsmilch. Allerdings sind ihre tierischen Produkte von bester Qualität, da sie frei von schädlichen Stoffen wie Antibiotika und Wachstumshormonen sind und die Tiere auf der Weide leben.

Ihre letzten Lebensjahre sind weniger von Krankheiten geprägt, sondern von Vitalität. Die meisten sterben friedlich im Schlaf. In den westlichen Ländern hingegen sind die Menschen während des Arbeitslebens meist sehr produktiv und fallen in ein Loch, wenn sie in Rente gehen. Wissenschaftler haben beispielsweise herausgefunden, dass die beiden kritischsten Jahre das Jahr der Geburt und das erste Rentenjahr sind.

Der heutige, stressige Lebensstil, bei dem sich viele Menschen von Fast Food ernähren, sich wenig bewegen und den daraus resultierenden chronischen Krankheiten, kann die Lebensdauer maßgeblich verkürzen. Doch jeder hat die Chance, seine Lebensspanne zu erweitern und kann seine Gesundheit positiv beeinflussen, indem er einige Dinge wie Ernährung und Bewegung ändert sowie einen

Das kann man von langlebigen Menschen übernehmen:

▸ sich pflanzenbasiert ernähren
▸ Eiweiß von bester Qualität konsumieren
▸ gesunde Fette aus Nüssen, Samen und Hülsenfrüchten integrieren
▸ hochwertige tierische Produkte auf dem Speiseplan haben
▸ frische Kräuter, Gewürze und Tees verwenden
▸ probiotische Lebensmittel essen (fermentierte Lebensmittel wie Sauerkraut)

Verarbeitetes und verpacktes Essen vermeiden

Menschen aus den blauen Zonen essen keine Nahrungsmittel, die viel Zucker, Pestizide oder künstliche Zusatzstoffe beinhalten. Raffinierte Kohlenhydrate oder chemische Zusätze kennen sie gar nicht. Sie gönnen sich auch ab und zu etwas, aber meistens Vergnügungen mit vielen Antioxidantien wie ein Gläschen lokal hergestellten Rotwein, Kaffee, Kräutertee oder einfache Desserts wie regio-

nal hergestellten Käse oder Obst. Limonaden, Sportgetränke, Schokoriegel oder verpackte Backwaren spielen gar keine Rolle. Die Lebensmittel haben einen niedrigen glykämischen Index (der glykämische Index definiert die Wirkung von Kohlenhydraten auf den Blutzucker), sind frei von künstlichem Zucker und reich an gesunden Fetten und Pflanzenstoffen.

Die Umgebung gesund gestalten

Die Menschen in den blauen Zonen kennen keine Diäten und waren noch nie fettleibig. Den gesunden Lebensstil teilen sie mit den anderen Menschen in ihrer Umgebung. Wir können davon lernen, das Haus mit gesunden Lebensmitteln zu füllen und diese Nahrungsmittel zu entfernen, die zum ungesunden Essen verführen. Ideal ist es, gesunde Mahlzeiten und Snacks vorher zu planen. Das kann helfen, auf Zucker und verpackte Lebensmittel mit künstlichen Süßstoffen, Chemikalien und Konservierungsstoffen zu verzichten.

Ein gesundes Gewicht halten

Menschen, die sehr alt werden, essen in der Regel kleine Portionen und alle Gerichte sind vollwertig und frisch zubereitet. Sie überfressen sich auch nicht, sondern essen nur so viel, dass sie zu 80 Prozent gesättigt sind. Kleiner Tipp: Man isst weniger, wenn man kleinere Teller und Schüsseln benutzt.

Außerdem besteht ihre Ernährung größtenteils aus Gemüse und vollwertigen Lebensmitteln. Sie achten auch auf moderate Bewegung. Ein guter Nachtschlaf mit etwa acht Stunden trägt ebenfalls zu guter Gesundheit bei. Wer immer schlecht schläft, beraubt sich wertvoller Lebensjahre. Guter Schlaf ist wichtig für das Hormonsystem und hilft bei der Stressbewältigung und bei Fressattacken. Viel Wert legen die Menschen aus den blauen Zonen auch auf Entspannung.

Regelmäßige Bewegung

Die Hundertjährigen in den blauen Zonen sind allesamt sehr bewegungsfreudig. Ein Fitnesscenter haben sie jedoch noch nie betreten, sie integrieren vielmehr die Bewegung in den Alltag. Zum einen laufen sie alles zu Fuß (gewöhnlich bis zu 10 Kilometer pro Tag), nehmen ihre Hände zu Hilfe anstatt Maschinen und praktizieren Yoga, Tai Chi oder spielen mit Freunden. Viele von ihnen gehen anstrengenden körperlichen Tätigkeiten nach, wie zum Beispiel Feldarbeit, und sitzen nicht den ganzen Tag am Schreibtisch. Außerdem lieben sie das Gärtnern, was wiederum für Bewegung sorgt. Dabei verbringen sie auch viel Zeit in der entspannenden Natur und können Gemüse, Kräuter und Früchte ernten. Auf gesunde Art und Weise aktiv zu sein unterstützt die Langlebigkeit, da es Entzündungen reduziert. Dies wiederum führt zu einem gesunden Herz, weniger Stress, guten Knochen und leistungsfähigen Muskeln. Ob es nun Laufen, Yoga oder intensives Intervall-Training ist – tägliche Bewegung ist Pflicht.

▸ Natürliche Bewegung in den Alltag integrieren
▸ Treppen steigen statt Aufzug nehmen
▸ Fahrrad fahren statt mit dem Auto
▸ täglich zu Fuß gehen

Gutes soziales Netzwerk

Ideal ist es, wenn man sich mit Familienmitgliedern und Freunden umgibt, die die eigenen Werte teilen. Soziale Vernetzung ist ein natürlicher Weg, um mit Stress besser umgehen zu können und die Lebensqualität zu verbessern. Leute aus den blauen Zonen haben viel Unterstützung aus ihren sozialen Netzwerken, helfen sich gegenseitig und sind auch in Krisen füreinander da. Dies reduziert chronischen Stress. Japaner machen zum Beispiel gerne gemeinsam Sport, während die langlebigen Menschen in Sardinien den Tag bei einem gemeinsamen Glas Rotwein ausklingen lassen. Andere wiederum erfreuen sich an der gemeinsamen Ernte oder an religiösen Festen, die in der Gemeinde gefeiert werden. Wichtig ist es auch, einen Lebensplan zu haben und sich immer wieder neuen Herausforderungen zu stellen wie zum Beispiel eine neue Sprache oder ein neues Instrument lernen – gemäß dem Motto: „Wer rastet, der rostet".

Zeit mit der Familie und in der Natur verbringen

Familie bedeutet für die langlebigsten Menschen dieser Erde alles. Sie machen gerne zusammen Spiele in der freien Natur oder gehen gemeinsam spazieren. Es existieren keine Haushalte, in denen alte Menschen alleine leben. Man kümmert sich um die älteren Menschen und Familienmitglieder und selbst im hohen Alter spielen sie in der Familie eine wichtige Rolle. Umsetzen kann man das zum Beispiel auch mit kleinen Ritualen wie einem Spieleabend oder dem gemeinsamen Essen am Sonntag.

PFLANZENPOWER EFFEKTIV NUTZEN

Frische und unveränderte Lebensmittel wie Obst, Gemüse, Samen, Nüsse, Sprossen und Kräuter haben aus ernährungsphysiologischer Sicht die höchste Wertigkeit für unseren Körper. Die rohköstliche Nahrung weist einen großen Anteil an Vitaminen, Mineralstoffen, Spurenelementen, Aminosäuren, sekundären Pflanzenstoffen und Enzymen auf. Frisches Obst und Gemüse aus dem Eigenanbau oder als Bioware sind zudem weniger mit Schadstoffen belastet und damit frei von chemischen Zusatzstoffen, wie sie verarbeitete Lebensmittel oft beinhalten.

Wie kraftvoll eine Ernährung mit Rohkost ist, sieht man an den größten und stärksten Tieren der Erde. Elefanten, Gorillas, Büffel, Pferde oder Nashörner ernähren sich ausschließlich von Rohkost, die aus rohen Blättern, Gras und Früchten besteht. Auch der Mensch kann von einer Ernährung, die viel Rohkost beinhaltet, maßgeblich profitieren. Die einzige Hürde bei der Pflanzennahrung besteht darin, dass man an die in den harten Zellwänden eingeschlossenen Nährstoffe gelangt. Dies erreicht man entweder durch intensives Kauen oder durch Hilfsmittel wie Entsafter oder Mixer. Entsafter oder Mixer erledigen für den Körper quasi die Vorarbeit, denn sie extrahieren die Nährstoffe und das Wasser – genau wie das der Darm auch macht.

Vor allem die natürlichen Enzyme, die in frischem Obst und Gemüse enthalten sind, ermöglichen es dem Körper, Lebensmittel einfacher und schneller zu verdauen. Enzyme sind für sämtliche Körperfunktionen notwendig. Bei stark gekochten oder verarbeiteten Lebensmitteln sind diese Enzyme größtenteils zerstört, denn ab ca. 45°C verlieren sie ihre Wirkkraft. Unser Verdauungssystem muss folglich erst Verdauungsenzyme bilden, um die Nahrung aufzuspalten und ihr alle wichtigen Nährstoffe zu entnehmen. Das kostet Energie, die der Körper für viele andere wichtige Stoffwechsel-Prozesse benötigt. Und genau die Kraft für eine gute Verdauungsarbeit hat er eben, wenn wir die natureigenen Enzyme von Obst und Gemüse nicht durch Braten, Kochen, Raffinieren und Frittieren zerstören, sondern sie möglichst in Form von Rohkost konsumieren und nur schonend verarbeiten, wie dies unter anderem beim Entsaften, Dämpfen, Dünsten oder Dörren der Fall ist. Eine Ernährung mit einem großen Anteil an Rohkost stellt zudem sicher, dass der Körper eine Vielzahl an Enzymen erhält, die der Stoffwechsel zum Aufbau, zur Reinigung und Gesunderhaltung des Körpers benötigt.

Durch die starke Verarbeitung von Obst und Gemüse wie zum Beispiel langes Braten, Kochen, Raffinieren oder Frittieren werden nicht nur die Enzyme zerstört, sondern teilweise auch wertvolle Vitamine, Mineral- und Pflanzenstoffe.

▸ Durch Kochen verringert sich der Vitamin-C-Gehalt von Lebensmitteln, günstiger sind Dämpfen und Dünsten.
▸ Lange Warmhalte- und Lagerzeiten zerstören ebenfalls viele Vitalstoffe.
▸ Mineralstoffe und wasserlösliche Vitamine wie B-Vitamine waschen sich in die Kochflüssigkeit aus. Besser: Suppen und Eintöpfe, da hierbei die Flüssigkeit mitgegessen wird.
▸ Der Gehalt an Antioxidantien, die für den Zellschutz wichtig sind, sinkt durch Erhitzen erheblich.
▸ Nach 10 Min. im Kochwasser haben verschiedene Gemüsesorten wie z.B. Spinat einen Großteil aller sekundären Pflanzenstoffe an das Kochwasser abgegeben.

Ernährung kann entweder vor Krankheiten schützen oder diese verursachen. Rohkost fördert die Gesundheit, verarbeitete Lebensmittel wie Fast Food können bei übermäßigem Konsum zu Krankheiten führen.

Frisch zubereitete und schonend hergestellte Säfte, Smoothies und Suppen sowie Salate und Bowls haben daher große Vorteile für die Gesunderhaltung des Körpers. Sie sind nicht nur geballte Nährstoff-Energie, sondern damit lassen sich auch die Empfehlungen von Gesundheitsorganisationen, täglich fünf bis sieben Portionen Obst und Gemüse (eine Portion entspricht einer Handvoll) zu essen, relativ einfach umsetzen. Um dieselbe Menge an Vitaminen, Enzymen, Mineral- und Pflanzennährstoffen wie z.B. in einem Glas frisch gepressten Saft zu sich zu nehmen, müsste man ungefähr die dreifache Menge an Obst und Gemüse im Ganzen essen. Das ist sehr viel und in der Realität schaffen das nicht so viele Menschen. Säfte, Smoothies, Suppen oder Power-Shots sind daher eine einfache Möglichkeit, ausreichend Rohkost zu konsumieren und damit den Körper mit einer Vielzahl an Vitalstoffen zu versorgen.

Tipps zur Realisierung einer pflanzenbasierten Ernährung

▸ tierisches Eiweiß durch pflanzliches Eiweiß ersetzen z.B. mit vegetarischem Chili (Rezept S. 72/73)
▸ Alternative zum Burger aus Fleisch: Burger aus Gemüse (Rezept S. 128/129)
▸ einen Obstkorb aufstellen: Wenn man etwas im Blick hat, isst man es eher
▸ anstelle Fertigmüsli mit viel Zucker auf eine selbstgemachte Variante mit Nüssen und Trockenfrüchten setzen
▸ viele frische Kräuter, Wildkräuter und Gewürze verwenden
▸ gesunde Süßigkeit für zwischendurch: Energyballs aus Datteln, Trockenfrüchten und Nüssen
▸ Bowls sind perfekt für Familien: jeder kann sich die Kombination zusammenstellen, die er gerne mag

Gesunde Alternativen auf einen Blick

▸ Zucker: Ahornsirup, Honig, Dattelsüße
▸ Tafelsalz: rosafarbenes Himalayasalz, nicht raffiniertes Meersalz, Kräuter und Gewürze
▸ weißer Reis: Vollkornreis, brauner Reis, Quinoa
▸ Kartoffeln: Süßkartoffeln
▸ Nudeln: glutenfreie Alternativen, Zucchininudeln
▸ Weißmehl: Vollkornmehl, Buchweizenmehl, Kichererbsenmehl, Kokosmehl, Reismehl, Mandelmehl, Dinkelmehl
▸ Sonnenblumenöl: Olivenöl, Kokosöl, Erdnussöl, Sesamöl, Traubenkernöl
▸ Butter: Ghee
▸ Milch: Mandelmilch, Hafermilch, Kokosmilch, Reismilch, Hanfmilch
▸ Joghurt mit Kuhmilch: Kokos-Joghurt
▸ Paniermehl: Mischung aus Haferflocken

GESUNDE
LEBENSMITTEL
EINKAUFEN

Gesund zu essen und gesunde Lebensmittel zu kaufen ist nicht ganz einfach. Fast Food ist billig, Essen für die Mikrowelle ist nach einem langen Arbeitstag sehr praktisch und Fertignahrung ist einfacher als ein frisch zubereitetes Essen, wenn man nicht viel Zeit hat. Außerdem sind Lebensmittel in Bioqualität leider auch teurer.

‣ Jedes gesunde Essen zählt! Auch wenn Sie nicht gleich alle Lebensmittel auf Bioqualität umstellen können, zählen auch die kleinen Umstellungen wie z.B. bessere Fleischqualität, ungespritztes Obst und Gemüse.
‣ Lassen Sie lieber Lebensmittel weg, die Sie nicht unbedingt benötigen und kaufen Sie die anderen Lebensmittel in einer besseren Qualität. Wenn Sie Süßigkeiten, Knabbereien und Chips weglassen, haben Sie ein größeres Budget für Obst und Gemüse in guter Qualität – ohne Pestizide und Chemikalien.
‣ Vermeiden Sie den Gang zum Coffee-Shop, in denen Sie überteuerten Kaffee kaufen. Auch der fertige Smoothie aus dem Supermarkt ist sehr überteuert und bietet nicht die Frische, die man sich vielleicht erhofft, da diese Getränke erhitzt oder mit Zucker gesüßt wurden.
‣ Sie müssen nicht gleich zum Ernährungspapst mutieren, sondern ändern Sie nach und nach kleine Dinge.
‣ Kaufen Sie Ihre frischen Lebensmittel auf lokalen Märkten. Diese sind oft billiger als im Supermarkt und zudem viel frischer, da sie vom Bauer um die Ecke stammen. Somit kaufen Sie auch gleichzeitig das Gemüse der Saison, das am besten und gesündesten für den Körper ist.
‣ Eine Möglichkeit wäre auch, sich Obst und Gemüse in Form einer rollenden Gemüsekiste anliefern zu lassen. Das spart viel Zeit beim Einkaufen.

‣ Sich in einer Agrar-Gemeinschaft oder solidarischen Landwirtschaft organisieren.

Saisonales Essen bevorzugen

Die Regale der Supermärkte schauen – besonders das Angebot an Obst und Gemüse – rund um das Jahr fast immer gleich aus. Der weltweite Handel macht es möglich, dass wir auch im tiefsten Winter Erdbeeren oder im Frühling und Sommer Äpfel essen können. Nahezu alle Obst- und Gemüsesorten sind mittlerweile rund um das Jahr verfügbar. Damit ist uns aber auch ein Gefühl für das saisonale Essen verloren gegangen, aber gerade die Jahreszeiten sollten wichtige Eckpfeiler für unsere Esskultur sein. Die gesündesten Lebensmittel der Welt sind saisonabhängig. Ein Gemüsegarten im tiefsten Winter ist nicht der gleiche wie an einem sonnigen Sommertag. Die immer wieder sich ändernden Wachstumsbedingungen sind schließlich die Basis für den Ausgleich der Ressourcen auf der Erde und ihrer Lebensformen. Untersuchungen haben gezeigt, dass Lebensmittel – je nach Jahreszeit – einen unterschiedlichen Nährstoffgehalt haben. Beispielsweise ist der Jodgehalt von Milch im Winter höher, während im Sommer mehr Beta-Karotin enthalten ist. Das liegt daran, dass Kühe im Winter salzhaltigeres Futter konsumieren und deshalb die Milch mehr Jod enthält. Im Sommer essen sie frische Pflanzen und deshalb steigt das Beta-Karotin in der Milch an. Auch in Japan haben Wissenschaftler diese jahreszeitlichen Unterschiede entdeckt. So ist der Vitamingehalt von Spinat in den einzelnen Jahreszeiten völlig unterschiedlich.

Um die volle Bandbreite an Nährstoffen und vor allem auch ein Maximum an Nährstoffen zu erhalten, sollten wir saisonal essen, denn das Obst und Gemüse, das natürlich zur Saison wächst, ist am nährstoffreichsten.

Hier einige Tipps für saisonales Essen:

▸ **Frühling:** Jetzt sprießen wieder die frischen grünen Blätter, man denke nur an frische Kräuter, Spinat, Löwenzahn, Brennessel, Brunnenkresse oder Spargel. Diese haben auch eine wunderbar entschlackende Wirkung, was bestens zur Fastenzeit passt.

▸ **Sommer:** In dieser Jahreszeit sind frische, kühlende Früchte wie Erdbeeren, Äpfel, Pfirsiche oder Wassermelonen oder Gemüsesorten wie Brokkoli, Blumenkohl und Mais ideal. Bei den Gewürzen und Kräutern sind Pfefferminze und Koriander sehr beliebt.

▸ **Herbst:** Wenn es wieder kälter wird, sollte man auf wärmende Lebensmittel umsteigen, die im Herbst geerntet werden, wie zum Beispiel Karotten, Süßkartoffeln, Zwiebeln und Knoblauch. Wärmende Gewürze sind Ingwer, Pfeffer und Muskat.

▸ **Winter:** Nun sollten ausschließlich wärmende Lebensmittel auf dem Teller dominieren. Lebensmittel, die eine lange Wachstumsphase haben, sind wärmender als Lebensmittel, die schnell wachsen. Auch Fleisch, Fisch, Hühnchen, Rind und Lamm sowie Eier, Mais, Karotten, Kartoffeln, Zwiebeln und Nüsse gehören in diese Kategorie.

Auf beste Qualität achten

Es ist längst kein Geheimnis mehr, dass konventionell angebautes Obst und Gemüse oft Pestizide enthält, dass Getreide bis zur Ernte mehrere Male gespritzt wird, dass Fleisch mit Hormonen und Medikamenten verseucht ist und dass viele Getränke reine Chemie-Cocktails sind. Das sind eine Menge Gifte, denen unser Körper tagtäglich ausgesetzt ist und bis er an die wirklich wichtigen Nährstoffe herankommt, hat er einige harte Nüsse zu knacken. Außerdem können diese Gifte zu ernsten Problemen in allen Bereichen des Körpers führen, wenn man immer mehr davon in den Zellen anhäuft und sie nicht wieder rechtzeitig los wird.

Daher ist die erste Devise, dass man so wenige Gifte wie möglich zu sich nimmt und beim Einkaufen auf beste Qualität achtet. Ideal sind Lebensmittel aus dem eigenen Garten, vom Bauern seines Vertrauens, vom lokalen Wochenmarkt oder aus dem Bioladen. Nicht jeder hat jedoch die Möglichkeit, in seinem eigenen Garten Obst, Gemüse und Kräuter anzubauen und natürlich ist das in unseren Breiten auch nicht das ganze Jahr über möglich. Also müssen wir nach Alternativen suchen und ein wenig Zeit investieren, indem man nach Bauern Ausschau hält, die beim Anbau auf Qualität und nicht auf Quantität setzen und möglichst wenig oder – noch besser – gar keine Spritzmittel einsetzen. Einfach nachfragen lautet hier die Devise, im Internet recherchieren und sich im Bekanntenkreis umhören.

Obst und Gemüse aus biologischem Anbau oder von regionalen Anbietern – ohne lange Lagerzeiten und Lieferwege sowie frisch geerntet – ist reicher an Vitaminen, Mineralien und Ballaststoffen. Daher erhält der Körper mehr Nährstoffe und kann sich besser gegen Krankheiten schützen. Zudem enthält es weniger Schadstoffe und Lebensmittel-Zusätze wie Geschmacksverstärker, gentechnisch veränderte Substanzen, künstliche Süß- oder Farbstoffe, die wiederum Gesundheitsprobleme bereiten können.

Mit Bioläden und Bio-Supermärkten ist das so eine Sache. Viele Menschen betrachten sie leider immer noch kritisch und meinen, dass die hohen Preise nur Abzocke sind. Im Biomarkt zahlt man nicht selten das Doppelte bis Dreifache. Außerdem wachsen Biomärkte mittlerweile wie Pilze aus dem Boden und woher kommt auf einmal diese Fülle an Bio-Lebensmitteln? Hier muss man einfach vertrauen und unter dem Strich führt man mit Lebensmitteln aus dem Bio-Supermarkt seinem Körper auf jeden Fall weniger Giftstoffe zu. Außerdem unterstützt und ermutigt man mit dieser Lebensweise immer mehr Bauern auf Bio umzustellen. Eigentlich sollte überall Bio das Maß aller Dinge sein und all die anderen Lebensmittel sollten mit Nicht-Bio gekennzeichnet werden.

Selbst wenn Lebensmittel aus anderen Teilen der Erde zu uns transportiert werden, sorgt man mit dem Kauf dieser Bio-Lebensmittel dafür, dass die Bauern beim Anbau und der Ernte weniger Pestiziden ausgesetzt sind. Darüber hinaus werden unter Umständen sogar Ressourcen wie Wasser und Strom eingespart, wenn man die Lebensmittel in Gegenden anbaut, wo jeden Tag die Sonne scheint und nicht so viel künstlich bewässert werden muss. Somit kann die Energiebilanz von Lebensmitteln sogar besser sein, wenn die Transporte länger sind, als wenn man sie hierzulande mit großem Energieaufwand im Gewächshaus und nicht auf natürliche Weise herstellen muss.

Es gibt einige Möglichkeiten Bioprodukte einzukaufen und dabei viel Geld einzusparen.

HOCHWERTIGE LEBENSMITTEL GÜNSTIG EINKAUFEN

Auf regionalen Bauern- oder Wochenmärkten einkaufen

Auf diesen Märkten kann man wunderbar frische und lokale Produkte kaufen, die im Supermarkt oft viel mehr kosten. Frisch geerntetes Obst und Gemüse schmeckt viel besser und beinhaltet viel mehr Nährstoffe als Obst und Gemüse, das tagelang durch die Gegend gekarrt wird und dann auch noch lange im Supermarkt unter künstlichem Licht liegt. Wenn man sich nicht sicher ist, ob das Lebensmittel unbehandelt ist, fragt man einfach nach. Viele Bauern bauen bereits in Bio-Qualität an, haben aber noch nicht die Zulassung dafür. Manche bieten auch Obst und Gemüse, das nicht ganz so schön aussieht, zum günstigeren Preis an. Fragen Sie einfach danach und erkundigen Sie sich nach dem besten Geschmack, denn die Bauern wissen das genau.

Online bei der rollenden Gemüsekisten einkaufen

Rollende Gemüsekisten versorgen ihre Kunden mit frischem Obst, Gemüse und Kräutern. Im Vorfeld kann man meistens online aussuchen, welche Lebensmittel man in seiner Kiste haben möchte und am vereinbarten Tag wird die Kiste dann vor die Haustüre geliefert. Das ist besonders für Menschen empfehlenswert, die nicht so viel Zeit haben. In der Regel sind die Produkte erntefrisch. Im Internet kann man sich nach passenden Anbietern erkundigen.

In Agrar-Gemeinschaften organisieren

Agrar-Gemeinschaften oder solidarische Landwirtschaften sind tolle Möglichkeiten, Obst und Gemüse in bester Qualität zu erhalten. Hierzulande ist dieses System immer mehr im Kommen. Mehrere Interessierte schließen sich dabei zusammen und bewirtschaften gemeinsam ein Feld und ernten dann gemeinsam die Produkte. Frischer kann man seine Lebensmittel nicht bekommen.

Größere Mengen einkaufen und diese im Keller einlagern

Größere Mengen sind in der Regel immer billiger. Man kann sich zum Beispiel größere Mengen auch mit mehreren Menschen teilen und diese dann im Keller kühl lagern. Äpfel, Karotten, Kartoffeln, Kraut, Sellerie und viele andere Obst- und Gemüsesorten sind über viele Monate haltbar, wenn sie richtig gelagert werden.

Günstig in der Saison einkaufen, in der das Lebensmittel wächst

Am günstigsten sind Lebensmittel immer in der Saison, in der es in der Gegend wächst. Am Anfang der Saison ist das Produkt meist ein wenig teurer und wird dann immer billiger. Das ist die beste Zeit zum Einkaufen. Man kann auch nachfragen, ob man bei einem größeren Einkauf einen günstigeren Preis bekommt. Größere Mengen können auch eingefroren und später verarbeitet werden.

Größere Mengen bequem einfrieren

Kommt man günstig an Obst und Gemüse, kann man dieses einfrieren und im Winter wieder auftauen und daraus leckere Speisen zaubern. Somit kann man das ganze Jahr das Produkt zum günstigsten Preis essen und muss es beispielsweise nicht im Winter teuer einkaufen.

Selbst anbauen

In jedem noch so kleinen Garten oder Balkon kann man selbst Kräuter, Obst und Gemüse anbauen. Töpfe mit Kräutern, Kisten mit Sprossen, ein paar Tomatenpflanzen oder Beerensträucher haben meist überall Platz. Was gibt es Schöneres, als eine von der Sonne geküsste Tomate gleich frisch vom Strauch zu essen?

Wer seinen eigenen Garten bewirtschaftet, kann sich sicher sein, dass man Obst und Gemüse ohne Chemikalien oder Pestizide ernten kann. Damit kann man die Erde effektiv nutzen und sie zugleich für die nächsten Generationen schützen.

Die vielen Vorteile liegen auf der Hand. Da keine Chemikalien verwendet werden, sind selbstangebaute Obst- und Gemüsesorten ideal für den Verzehr, gerade auch für Kinder. Natürlicher Kompost sorgt für eine gute Bodenqualität. Eine hochwertige Erde, die von nützlichen Tieren wie Würmern bearbeitet wird, ist auch fruchtbarer. Einen Garten zu bewirtschaften kostet nicht so viel Zeit, man ist an der frischen Luft und man kann seine Küchenabfälle wunderbar zu Kompost verarbeiten.

Kräutergarten für die Küche

Selbst wenn man kaum Erfahrung mit dem Anbau von Kräutern oder Sprossen hat oder wenn man nicht so viel Platz in der eigenen Küche hat – ein kleiner Kräutergarten lässt sich überall anlegen. Es ist auch praktischer und günstiger, wenn man die Kräuter selbst anbaut, anstatt sie für teures Geld immer wieder im Supermarkt zu kaufen. Oregano, Minze, Rosmarin, Thymian, Basilikum, Schnittlauch, Petersilie und Sprossen sind ideale Kräuter für den Anbau in der Küche. Suchen Sie sich Ihre Lieblingskräuter aus und schon kann es losgehen. Es ist toll, wenn man immer frische Kräuter zum Kochen in Griffweite hat. So kann man frischen Schnittlauch über die gebackene Ofenkartoffel geben, das Salatdressing mit leckeren Kräutern aufpeppen oder mit frischem Oregano die Spaghettisoße veredeln.

Idealerweise sollte man ein Küchenfenster haben, das etwa vier bis fünf Stunden direktes Sonnenlicht hat. Die meisten Kräuter kommen aus mediterranen Gegenden und benötigen zum guten Gedeihen viel Licht. Ideal sind Temperaturen um die 20°C.
Man kann die Kräuter entweder aus Samen selber ziehen oder die Pflanzen im Geschäft oder auf dem Markt kaufen. Am besten eignen sich Gefäße aus Terrakotta mit einem Loch unten im Topf, die man dann auf einen Untersetzer stellt. Die Kräuter kann man entweder einzeln in Töpfe pflanzen oder mehrere in einem Gefäß zusammen anpflanzen.
Achten Sie auf hochwertige Erde und auf eine gute Belüftung der Erde. Gießen Sie die Kräuter nicht zu oft, damit es keine Staunässe gibt und die Wurzeln nicht faulen.

Hochbeet

Wer sich nicht ständig bücken möchte, ist mit einem Hochbeet gut beraten und selbst in jedem noch so kleinen Garten findet sich mit Sicherheit ein Plätzchen dafür. Hochbeete eignen sich besonders gut für Gemüse und Kräuter. Ob Salat, Küchenkräuter, Radieschen, Kohlrabi, Zwiebeln, Rote Beete, Spinat oder Bohnen – der Fantasie sind bei Hochbeeten kaum Grenzen gesetzt. Weiterer Vorteil: Die so ungeliebten Nacktschnecken haben es schwerer an die Pflanzen zu gelangen. Beliebte Kombis sind Salat und Kohlrabi, Bohnen und Tomaten, Zwiebeln und Radieschen. Die beste Zeit, ein Hochbeet anzulegen, ist der Herbst oder das zeitige Frühjahr.

Mehr vegetarische Speisen essen

Fleisch ist teuer. Daher kann man schon Geld sparen, indem man den Fleischkonsum reduziert und mehr vegetarische Speisen zu sich nimmt. Es gibt viele Möglichkeiten, wie man auch ohne Fleisch wertvolle Proteine erhält, wie z.B. durch Linsen, Bohnen, Erbsen, Mandeln, Quinoa, Hanf- und Chiasamen.

Müll reduzieren

Aus übrig gebliebenem Essen lassen sich wunderbare, neue Gerichte zaubern. Damit vermeidet man, dass man zu viel Essen wegwirft und spart gleichzeitig auch noch Kosten. Falls Fleisch oder Gemüse übrig geblieben ist, kann man daraus eine Suppe zaubern. Es gibt zahlreiche Ideen, um aus Essensresten Neues zu zaubern.

NÄHRSTOFFREICHE LEBENSMITTEL AUF EINEN BLICK

Beeren: Himbeeren, Blaubeeren, Erdbeeren, Brombeeren u.a. sind Mini-Nährstoff-Bomben, liefern viele Vitamine, Mineralstoffe sowie sekundäre Pflanzenstoffe. Die darin reichlich enthaltenen Antioxidantien schützen unsere Zellen vor oxidativen Stress.

Grünes Blattgemüse: Spinat, Grünkohl und Feldsalat haben wenig Kalorien und versorgen den Körper mit vielen Mineralstoffen und Spurenelementen. Sie liefern zudem Bitterstoffe, bioaktive Stoffe wie Chlorophyll und können die Darmflora stärken.

Kreuzblütler: Brokkoli, Blumenkohl, Rosenkohl, Weißkohl, Rotkohl oder Kohlrabi enthalten das Senföl Sulfuraphan sowie weitere Antioxidantien. Sie stärken dadurch das Immunsystem und wirken gegen Entzündungen im Körper.

Hülsenfrüchte: Bohnen, Erbsen und Linsen liefern große Mengen an Ballaststoffen und haben einen hohen Eiweißgehalt. Sie unterstützen die Darmgesundheit, neutralisieren freie Radikale und schützen unsere Zellen vor oxidativen Stress. Hülsenfrüchte sind ein wichtiger Bestandteil einer fleischlosen Ernährung.

Sprossen: Sie enthalten ein Vielfaches an Nährstoffen mehr als die ausgewachsene Pflanze selbst. Brokkolisprossen enthalten z.B. 30-mal so viele Nährstoffe wie Brokkoli. Sprossen eignen sich hervorragend um Vitamine und Mineralstoffe im Körper schnell aufzufüllen.

Kräuter und Wildkräuter: Kräuter wie Petersilie, Schnittlauch, Basilikum, Thymian, Löwenzahn oder Brennnessel schmecken nicht nur fantastisch und verleihen jedem Essen eine besondere Note, sie liefern auch jede Menge Nährstoffe. Wildkräuter sind besonders kostbar, da sie noch nie gentechnisch verändert worden sind.

Gewürze: Mit Gewürzen lässt sich nicht nur der Geschmack im Essen verbessern, sondern auch die Vitalität steigern. In vielen Teilen der Welt – vor allem in Indien – gelten Gewürze als heilig und werden als Essen und als Medizin verwendet – allen voran Pfeffer, Ingwer, Kurkuma, Thymian, Paprika, Zimt, Muskat, Chili, Oregano oder Rosmarin.

Nüsse: Cashewkerne, Mandeln, Walnüsse, Pistazien oder Kokosnüsse liefern gute Fette, Ballaststoffe und sind ebenso Eiweißquellen. Aus Nüssen und Mandeln lassen sich Alternativen zur Kuhmilch herstellen.

Obst und Gemüse in Regenbogenfarben: Zwiebeln, Knoblauch, Zitronen, Ananas, Orangen, Karotten, Papayas, Paprika, Tomaten, Granatäpfel, Auberginen, Rotkohl, Feigen, Äpfel, Avocados und Zucchini – ideal ist es, Früchte in allen Farben des Regenbogens zu essen.

TIPPS FÜR GESUNDES ESSEN

Der Mangel an Nährstoffen und die chemischen Zusätze in unserer Nahrung sind heutzutage die größten Probleme in unseren Lebensmitteln. Schlechtes oder hoch gezüchtetes Saatgut, verseuchte und nährstoffarme Böden, das häufige Spritzen von Pestiziden während der Wachstumsphase, frühe oft unreife Ernte und lange Liefer- und Lagerzeiten lassen auf unseren Tellern Lebensmittel landen, die oft gar nicht mehr als Lebensmittel bezeichnet werden dürften. Aber das ist noch lange nicht genug. Zwischen Ernte und Teller geht es weiter mit der Zerstörung der Nährstoffe.

Verarbeitung von Lebensmitteln minimieren

Das mit am stärksten verarbeitete Lebensmittel ist Getreide. Mehlprodukte enthalten nur noch einen Bruchteil der Nährwerte

der geernteten Pflanze. Zunächst werden die nahrhaften Sprösslinge und die Hülse, die wichtige Faserstoffe enthält, entfernt. So bleibt nur noch das hellgelbe Mehl mit viel Stärke, einem hohen glykämischen Index und wenig Nährwert übrig. Damit das Ganze haltbar bleibt und seine helle Farbe behält, wird der Mehlkörper zerkleinert und mit Chloriden behandelt. Übrig bleibt ein Stoff – ein Überbleibsel ohne viel Nährwert.
Alternative: Vollkorngetreide

Starkes Erhitzen von Lebensmitteln vermeiden

Eine andere Art, wie man Nährstoffe zerstört, ist das Erhitzen. Verschiedene sekundäre Pflanzenstoffe, Enzyme, Probiotika und Vitamine werden beim Erhitzen der Nahrung zerstört und stehen dem Körper dann nicht mehr als Nährstoff zur Verfügung. Ein bekanntes Erhitzungsverfahren ist die Pasteurisierung, die oft bei Milchprodukten angewendet wird. Dadurch sollen Bakterien zerstört werden, aber durch Pasteurisierung werden auch wertvolle Nährstoffe wie Enzyme und nützliche Bakterien zerstört, die entscheidend für die richtige Verdauung und förderlich für die Gesundheit sind. Das Gleiche gilt für die Pasteurisierung von Obst- und Gemüsesäften. Die meisten Nährstoffe sind in diesen Produkten zerstört.

Das Kochen bei hohen Temperaturen und über einen langen Zeitraum hinweg, wie zum Beispiel im Ofen, zerstört ebenfalls viele Nährstoffe. Wer Gemüse lange im Kochwasser weich kocht und dann das Wasser wegkippt, schüttet damit auch viele Vitamine und Mineralstoffe einfach in den Ausguss. Besser ist da ein Eintopf oder eine Suppe, damit wenigstens die Mineralstoffe und ein Teil der Vitamine erhalten bleiben.

Die schlechteste Methode, um Essen zu kochen, ist die Mikrowelle. Dieses Essen bietet praktisch kaum mehr als leere Kalorien ohne viel Nährwert.

Alternative: Dünsten, schonend Garen, Dörren

Bestrahlung von Lebensmitteln verhindern

Um den Befall von Lebensmitteln durch Bakterien, Insekten, Schimmel und Pilze zu vermeiden, um die Haltbarkeit zu erhöhen oder das Sprießen zu verhindern, werden Lebensmittel sogar mit radioaktiven Stoffen bestrahlt. Diese Lebensmittel verlieren viel von ihrem Nährwert.

Die Quintessenz lautet: Je vollwertiger, roher und frischer das Essen konsumiert wird, desto gesünder wird unser Immun- und Entgiftungssystem sein und kann damit schädliche Krankheitserreger vernichten.

Ungesunde Lebensmittel reduzieren

Reduzieren Sie Lebensmittel wie Zucker, Tafelsalz sowie mit chemischen Zusätzen aus Ihrer Küche. Raffinierter Haushaltszucker kann durch Honig oder Dattelsüße ersetzt werden, Tafelsalz durch rosafarbenes Himalayasalz oder nicht raffiniertes Meersalz. Halten Sie den Alkoholkonsum auf niedrigem Niveau. Ersetzen Sie Weißmehl durch Vollkornprodukte oder glutenfreie Alternativen.

Salatdressing selber machen

Wer sein Salatdressing selbst zubereitet, weiß genau, was drinnen ist. Man benötigt dafür keine Chemikalien, Konservierungsstoffe, Geschmacksverstärker oder Stabilisatoren. Wer sein Salatdressing auf der Basis eines guten Öls wie z.B. Olivenöl herstellt, kann dadurch auch mehr fettlösliche Vitamine aufnehmen (Rezept S. 74/75).

Gemüse, Gemüse, Gemüse

Gemüse sollte nicht als Beilage fungieren, sondern auf dem Teller die Hauptrolle spielen – am besten in allen Farben des Regenbogens. So ist sichergestellt, dass der Körper die ganze Bandbreite an wichtigen Vitaminen, Mineralien und Pflanzenstoffen erhält.

Auf die Zubereitung achten – nährstoffreiches Kochen

Frittieren und die Zubereitung in der Mikrowelle sollte man möglichst vermeiden. Alternativen sind: Dämpfen, Garen oder die Zubereitung im Dörrgerät. Diese Methoden sind schonend und wir erhalten mehr Nährstoffe.

Das richtige Öl verwenden

Viele Pflanzenöle sind nicht hitzestabil und produzieren bei starker Erhitzung Verbindungen, die unserer Gesundheit schaden können. Hitzebeständige Öle sind Avocado-, Macadamia-, Kokosnuss- und Mandelöl. Extra natives Öl sollte man lieber für kalte Speisen wie in Salaten verwenden.

Abends nur leicht essen

Viele Menschen essen abends das größte Essen des Tages, aber in der Nacht benötigen wir nicht so viel Energie. Außerdem sollte in der Nacht unser Körper nicht mit der Verdauung beschäftigt werden, sondern mit der Entgiftung und wichtigen Reparaturmaßnahmen. Das alte Sprichwort: morgens wie ein König, mittags wie ein Bauer und abends wie ein Bettler hat nicht seine Gültigkeit verloren.

Brühe statt Öl

Fleischbrühe enthält wertvolle Nährstoffe und sollte so oft wie möglich im Essen integriert werden.

Weniger Kohlenhydrate

Wir essen zu viele Kohlenhydrate. Daher sollte man versuchen, die Kohlenhydrate zu halbieren und den Gemüseanteil zu verdoppeln. Der Darm wird es doppelt und dreifach danken.

Viele Gewürze verwenden

Pfeffer, Chili, Curcuma, Cayenne, Ingwer, Paprika sind zum Beispiel tolle Gewürze, die nicht nur viel Geschmack bringen, sondern auch den Stoffwechsel anregen. Man kann sie über geröstetes Gemüse, in Salate, Curries, Suppen und Aufläufe geben.

Gemüse schrubben

Die meisten Nährstoffe stecken in der Schale. Daher sollte man die Schale nicht abschneiden, sondern das Gemüse unter Wasser nur gründlich sauber schrubben.

Natürlich bereitet es einiges an zusätzlicher Arbeit und Zeit, sich tagtäglich gesund und nährstoffreich zu ernähren. Man muss mehr Zeit ins Kochen und Zubereiten investieren und benötigt auch länger beim Einkaufen. Aber es gibt eine Reihe von Möglichkeiten, wie man sich zeitlich gut organisieren kann und wie man schnell und einfach gesunde Mahlzeiten zaubern kann.

GESUND DURCH DIE WOCHE

Basics im Küchenschrank

Wer nicht die richtigen Basics im Küchenschrank stehen hat, wird auch kein nährstoffreiches Essen zubereiten können. Mit Quinoa, getrockneten Früchten, Kokosöl, Gemüsebrühe, Bio-Hühnchen, Gemüse und Gewürzen lassen sich beispielsweise im Handumdrehen leckere Pfannengerichte zaubern.

Eine gut organisierte Küche

Räumen Sie die Küche auf und organisieren Sie alles neu. Was schon länger nicht mehr benutzt worden ist, kommt in den Keller. Messer schärfen und in Reichweite aufbewahren. Beim Kochen eine Schüssel für den Abfall verwenden. Dadurch bleibt nicht der ganze Müll auf der Arbeitsplatte liegen, sondern kann sofort gesammelt und entsorgt werden.

Am Wochenende vorbereiten

Oft hat man unter der Woche nicht so viel Zeit zum Kochen. Empfehlenswert ist es daher, bereits am Wochenende Verschiedenes vorzubereiten.

- Diverse Gemüsearten kann man bereits putzen und kleinschneiden und luftdicht in Behältern im Kühlschrank aufbewahren oder einfrieren. Auch Reis, Quinoa oder Bohnen kann man vorkochen.
- Suppen, Stews, Vollkornprodukte, Bohnen, Linsen usw. lassen sich prima vorbereiten und einfrieren. Bei Bedarf muss man sie dann nur noch aufwärmen.
- Die Zutaten für Säfte und Smoothies lassen sich auch gut vorbereiten. Einfach Grünes, Beeren usw. waschen und in Behältern bis zur Verarbeitung aufbewahren. Morgens muss das Ganze nur aus dem Kühlschrank geholt werden und kann im Handumdrehen zu Säften und Smoothies verarbeitet werden.
- Schnell ein Snack gefällig? Dazu kann man Karottensticks, Nussbutter, Energy-Balls und Guacomole vorbereiten, damit man immer schnell etwas zum Naschen bereit hat.

Wenn man Gemüse oder Obst zum Naschen in Reichweite hat, kann man damit besser seine Naschgelüste stillen.

Einfache Speisen zubereiten

Guter Geschmack kann so einfach sein. Eine leckere Tomatensuppe, ein Couscous-Salat mit frischer Petersilie und Zitrone oder Eier mit Avocados und Gemüse sind schnell zubereitet.

Gemüse in Sichtweite

Das Gemüse sollte nicht in der untersten Schublade des Kühlschranks versteckt werden, denn so wird es leicht vergessen. Wenn es jedoch oben gleich in Sichtweite lagert, wird man es auch schneller zu einem Salat oder ähnlichem verarbeiten.

Die Küche und den Essplatz zum Lieblingsplatz gestalten

Selbst die kleinste Küche kann zum kreativen Zentrum für eine gesunde Ernährung und des Wohlbefindens werden. Schöne Handtücher, Servietten aus Leinen, tolle Deko und frische Blumen machen die Küche und den Essplatz zu einem liebevollen Ort, an dem man sich gerne aufhält und sich wohlfühlt.
Eine schöne Atmosphäre beim Essen entsteht auch, wenn man zum Essen Kerzen anzündet, ein kleines Tischgebet spricht und sich dankbar für das schöne Essen zeigt. Gute Gedanken für den Bauern oder die Person, die das Essen so schön zubereitet hat, schaffen ebenfalls eine angenehme Atmosphäre und lassen das Essen gleich viel besser verdauen.

Auf die Verdauung achten

Ob man nun daheim, in der Arbeit oder unterwegs isst – vor der Mahlzeit sollte man kurz langsam und bewusst tief ein- und ausatmen. Dazu einfach die Augen schließen und nachspüren, wie sich der Magen anfühlt. Ist man angespannt und nervös? Dann sollte man noch ein wenig weiter tief durchatmen. Eine Hand zur Beruhigung auf den Bauch auflegen und die Bauchmuskeln entspannen tut ebenfalls gut. Man kann entweder angespannt sein oder man kann verdauen. Beides funktioniert nicht gut zur gleichen Zeit.
Obwohl der ideale Platz zum Essen ruhig und schön sein sollte, kann selbst eine Parkbank inmitten von Trubel oder sogar der Arbeitsplatz zum angenehmen Essplatz werden, wenn man das volle Bewusstsein auf das Essen lenkt.

EINFACH MEHR GRÜNES INTEGRIEREN

Wir wissen, dass Grünes gut für unseren Körper ist, aber an manchen Tagen ist es nicht so einfach, Grünes zu essen. Mit diesen Tipps wird es jedoch einfacher fallen, täglich etwas Grünes zu essen.

Grüner Smoothie

Es geht schnell und ist super einfach, sich einen Grünen Smoothie zu mixen. Man kann sogar am Wochenende schon die Zutaten für den Grünen Smoothie vorbereiten und sie in Portionen entweder einfrieren oder in Boxen im Kühlschrank aufbewahren, so dass man bei Bedarf nur noch den Inhalt der Box in den Mixer geben muss und schon ist der grüne Smoothie fertig.

Grüner Saft

Mit Säften versorgt man den Körper am schnellsten mit Nährstoffen. Innerhalb weniger Minuten nimmt der Körper die Nährstoffe aus frisch gepressten Säften auf. Außerdem kann man den frisch gepressten Saft praktischerweise für unterwegs mitnehmen. Wenn man gar keine Zeit hat, kauft man sich in einer Saftbar einen frisch gepressten Saft und mischt beispielsweise noch hochwertiges Algenpulver unter.

Gedünstetes oder gedämpftes Gemüse

Viele grüne Blattgemüse-Sorten enthalten fettlösliche Vitamine. Damit der Körper diese gut aufnimmt, benötigt man ein wenig Fett. Wenn man das Gemüse leicht andünstet oder dämpft und danach mit ein wenig Fett wie Olivenöl, Walnussöl oder Avocado serviert, werden die Nährstoffe optimal aufgenommen.

Salate

Eine einfache Methode, viel Grün zu essen, ist ein Salat. Um Abwechslung zu garantieren, sollte man immer unterschiedliche Sorten essen. Probieren Sie doch mal Kichererbsen mit Mais und Spinat.

Wraps mit Salatblättern

Anstelle Tacos, Burritos oder Frühlingsrollen-Teig lieber Salatblätter verwenden.

Grünes Pulver

Ein einfacher Weg, täglich viel Grün zu konsumieren ist Spirulina, Chlorella oder Weizengras in Pulverform. Diese Superfoods sind extrem nährstoffreich und lassen sich einfach in Säften und Smoothies integrieren.

Grüner Dip

Ein grüner Dip ist ebenfalls eine einfache Methode, Grünes zu essen. Avocados sowie Kräuter eignen sich hervorragend für Dips.

Pesto

Pesto schmeckt nicht nur würzig lecker, sondern bietet viel Grünes. Wie wäre es mal mit Petersilien-, Brennnessel- oder Kräuterpesto?

GESUNDES FÜR UNTERWEGS

Zuhause ist es meist kein Problem, gesunde Nahrung zuzubereiten. Man hat die Kontrolle, was in die Küche kommt und was auf dem Teller landet. Aber wenn man unterwegs ist oder nicht so viel Zeit hat, wird es schon schwerer, gesunde Alternativen zum schnellen Fast-food, das an jeder Ecke angeboten wird, für sich und seine Lieben zu finden.

Fast Food muss nicht komplett schlecht sein

In vielen Fast Food Restaurants findet man heute gesunde und gute Alternativen zu frittiertem Essen. Ideal in diesen Restaurants sind Rohkost, Gekochtes, Gegrilltes, Geröstetes, Gebackenes oder Salate. Außerdem werden heute vielerorts vegetarische Varianten, Sandwiches mit Vollkornbrot oder frische Früchte angeboten.

Fettreiche Varianten vermeiden

Am besten lässt man sich Salatdressing, Soßen, Käse oder Toppings immer extra servieren. So kann man es besser portionieren und vermeidet damit, dass das Essen in wertlosen Kalorien ertrinkt oder dass man zu viel Salz isst.

XL-Portionen vermeiden

In den letzten Jahren sind die Portionen in den Restaurants immer größer geworden. Gerichte kann man sich auch mit seiner Familie teilen oder die andere Hälfte mit nach Hause nehmen.

Wasser trinken

Softdrinks, Eistee, Limonaden, Energydrinks und viele Fertigsäfte sind meist Zuckerbomben und voller unnützer Kalorien. Daher sollte man lieber Wasser trinken. Dabei aber bitte darauf achten, dass man nicht aus Plastikflaschen oder Styroporbechern trinkt, sondern lieber seine eigene Flasche (Glas oder Tritan) mit frischem, gefilterten Wasser mitbringen. Ein Spritzer Zitronensaft macht das Wasser richtig lecker.

Sahne und Braunes vermeiden und lieber Farbe essen

Überbackene und besonders cremige Gerichte beinhalten immer schwere, künstliche Soßen, Sahne und viel Käse. Auch Braunes auf dem Teller wie Brot, Fleisch oder Soßen enthalten jede Menge Stärke, sind aber nicht so gesund wie Essen in Regenbogenfarben – grüne Gurken, rote Tomaten, orange Karotten, gelbe Paprika, lila Auberginen. Wer farbenfrohe Früchte oder einen bunten Salat wählt, greift automatisch zur gesünderen Alternative.

Nach Alternativen suchen

Fragen kostet nichts und Salsa oder Senf sind bessere Alternativen zu Mayonnaise oder Ketchup mit viel Zucker. Auch Sour Cream zu gebackenen Kartoffeln ist okay oder ein kleiner Beilagensalat anstelle von Pommes frites zum Hauptgang.

Im Voraus planen

Trockenfrüchte, Müsli, Nüsse, Äpfel und Orangen bleiben auch unterwegs frisch und länger haltbar. Davon sollte man sich immer einen kleinen Vorrat mitnehmen, wenn der kleine Hunger zwischendurch kommt.

Tipps gegen Heißhungerattacken

- Viel reines Wasser trinken (mindestens 1,5 bis 2 Liter pro Tag)
- Ablenkung wie Spazierengehen, bei Freunden anrufen oder aufräumen
- Nicht hungern – die beste Vorbeugung gegen Heißhungerattacken
- Das Essen genießen und nicht alles schnell verschlingen, dabei immer gut kauen
- Regelmäßig essen
- Esspausen einlegen, denn ständige Snacks fördern den Heißhunger
- Süßes am besten gleich nach der Mahlzeit essen, damit strapaziert man den Blutzuckerspiegel weniger
- Keine Verbote und sich ab und an bewusst mal etwas Süßes gönnen
- Stress abbauen – Sport, an die frische Luft gehen, Entspannungstechniken erlernen, regelmäßige Pausen einlegen
- Bewegung und Sport – das setzt Glückshormone frei und wir vermeiden dadurch Frustessen
- Ausreichender Schlaf – wer müde ist, hat ständig Bedarf nach Nahrung

BUNT IST GESUND —
DIE FARBEN DES
REGENBOGENS ESSEN

Idealerweise sollten Sie täglich Obst und Gemüse in den unterschiedlichen Farben essen – am besten jeweils eine Portion Gelb, Rot, Lila, Weiß und Grün. Für frische Obst- und Gemüsesäfte, Smoothies, Salate und Bowls können Sie die unterschiedlichen Farben wunderbar kombinieren und versorgen damit Ihren Körper mit wichtigen Vitaminen, Mineralstoffen, Enzymen und Pflanzenstoffen. Jede Farbe hält unterschiedliche Vitalstoffe bereit und daher ist es so wichtig, das ganze Spektrum des Regenbogens zu nutzen und auch zu essen. Gelbe Obst- und Gemüsesorten wie Ingwer oder Kurkuma können beispielsweise bei Entzündungen helfen, rote Sorten schützen das Herz-Kreislaufsystem und grüne Sorten neutralisieren.

Rot

Rotes Obst und Gemüse sind reich an Lycopin (Carotinoid). Lycopin zählt zu den Antioxidantien und gilt als Radikalfänger, d.h. reaktionsfreudige Moleküle werden im Körper unschädlich gemacht. Außerdem wirkt rotes Obst und Gemüse anregend und belebend, unterstützt die Herzgesundheit und das gesamte Herz-Kreislaufsystem und aktiviert den Zellschutz.

Obst: Granatäpfel, Erdbeeren, Himbeeren, Kirschen, Wassermelonen, Preiselbeeren, Johannisbeeren, Cranberries
Gemüse: Tomaten, Rote Beete, rote Paprika, Radieschen, Hagebutten
Gewürze: Chili, Pfeffer

Gelb – Orange

Gelbes oder oranges Obst und Gemüse sind reich an Vitamin C, Beta-Carotin, Alpha-Carotin und Antioxidantien. Für die Gelb- oder Orangefärbung sind Carotinoide verantwortlich, die eine Pflanze auch vor UV-Strahlen schützen. Carotinoide sind Antioxidantien, die freie Radikale unschädlich machen und so vielen Erkrankungen und der Hautalterung vorbeugen. Sie stärken das Immunsystem und helfen bei Entzündungen. Gelbe oder orange Früchte oder Gemüse sollten idealerweise mit guten Fetten (wie z.B. Avocado, Kokos- oder Olivenöl) gegessen werden, da Carotinoide fettlöslich sind und dies die Resorption verbessert. Carotonoide werden vom Körper in Vitamin A umgewandelt, was wiederum unsere Sehkraft stärkt.

Obst: Bananen, gelbe Äpfel, Mangos, Ananas, Zitronen, Orangen, Grapefruits, Mirabellen, gelbe Pflaumen, gelbe Birnen, Papayas
Gemüse: gelbe Paprika, Kürbis, Karotten, Mais, Pastinake, Süßkartoffel, gelbe Zucchini
Gewürze/Kräuter: Kurkuma, Ingwer, Vanille

Grün

Grüne Lebensmittel sind reich an Vitamin C, Antioxidantien, Flavanoiden, Kalium, Selen, Vitamin K und enthalten viel Chlorophyll – das Blut der Pflanzen. Chlorophyll ist ähnlich wie Hämoglobin aufgebaut und kann daher bewirken, dass im Körper mehr Sauerstoff transportiert werden kann. Grüne Lebensmittel neutralisieren, wirken alkalisch und reinigend.

Obst: Äpfel, Birnen, Stachelbeeren, Kiwis, Limonen, Limetten, Feigen, grüne Trauben
Gemüse: Avocados, Artischocken, Bohnen, Brokkoli, Erbsen, Gurken, Salat, Oliven, Paprikas, Spinat, Zucchini, Porree, Mangold, Kohlrabi, Kohl
Gewürze/Kräuter: Alle grünen Kräutersorten wie Petersilie, Basilikum, Dill, Kerbel, Schnittlauch, Minze, Kresse, Rosmarin, Estragon, Wildkräuter

Lila

Für die Blaufärbung sorgen Anthocyane – ein Flavonoid (sekundärer Pflanzenstoff) und eine wahre Anti-Aging-Wunderwaffe. Flavonoide sind gut für Gehirn, Herz und Haut. Sie schützen vor UV-Strahlen, binden freie Radikale und sind entzündungshemmend und gefäßschützend.

Obst: Brombeeren, rote Stachelbeeren, Feigen, Heidelbeeren, Holunderbeeren, Pflaumen, Weintrauben
Gemüse: Auberginen, rote Zwiebeln, Rotkohl, Radicchio, Lollo rosso, Kohlrabi
Gewürze/Kräuter: Salbei, Thymian, Borretsch

Weiß

Weißes Obst und Gemüse enthalten starke Antioxidantien, bekämpfen Infektionen, reinigen und stärken die Abwehr. Außerdem wirken sie entzündungshemmend, gefäßschützend und fördern die Durchblutung.

Obst: Litschis
Gemüse: Spargel, Knoblauch, Zwiebeln, Chicoree, Rettich, Blumenkohl, Fenchel, Champignons, Lauch, Sellerie, Meerrettich
Gewürze/Kräuter: Kresse

IMMUN BOOSTER

ZUTATEN UND ZUBEREITUNG FÜR 2 GLÄSER

2 Orangen
3 Karotten
2 Äpfel
3 cm frische Kurkuma
3 cm frischer Ingwer

1 Von den Orangen die Schale entfernen und vierteln.

2 Karotten, Äpfel, Kurkuma und Ingwer waschen.

3 Karotten in Stücke schneiden. Äpfel vierteln und nach Belieben das Kerngehäuse entfernen.

4 Alles in den Entsafter geben.

SPORTLER DRINK

ZUTATEN UND ZUBEREITUNG FÜR 2 GLÄSER

1/4 Wassermelone
jeweils 1 Handvoll Erdbeeren
und Himbeeren
1/2 Limette, ungespritzt
1 Stängel Pfefferminze

1 Von der Wassermelone die Schale entfernen und in Stücke schneiden.
2 Erdbeeren, Himbeeren, und Pfefferminze waschen.
3 Die Limette vierteln und bei Bedarf die Schale entfernen. Mit Schale erhält man ein intensiveres Aroma.
4 Alles in den Entsafter geben.

FOREVER YOUNG SAFT

ZUTATEN UND ZUBEREITUNG FÜR 2 GLÄSER

2 Orangen
1 Maracuja
1/2 Granatapfel
1 Glas Kokoswasser oder Saft
einer frischen Kokosnuss

1 Von den Orangen die Schale entfernen und vierteln. Den Granatapfel entkernen.
2 Orangen und Granatapfel zusammen mit der ausgelöffelten Maracuja und dem Kokoswasser in den Entsafter geben.

INGWER-
KURKUMA-SHOT

ZUTATEN UND ZUBEREITUNG FÜR 2 GLÄSER

1 kleines Glas Kokoswasser
5 cm frischer Ingwer
5 cm frisches Kurkuma
1 Bio-Zitrone
je eine Prise Zimt, Pfeffer
und Nelken
2 TL Honig

1 Ingwer und Kurkuma waschen. Die Zitrone vierteln.
2 Kokoswasser, Ingwer, Kurkuma und Zitrone in den Entsafter geben.
3 Anschließend die Gewürze und den Honig einrühren.

GREEN POWER

ZUTATEN UND ZUBEREITUNG FÜR 2 GLÄSER

1/3 Ananas
1 Orange
1/2 Bio-Zitrone
2 Handvoll Spinat
1 Stängel Minze

1 Von der Ananas und der Orange die Schale entfernen. Ananas würfeln, Orange vierteln.

2 Die Zitrone ebenfalls vierteln. Spinat und Minze waschen.

3 Alles zusammen in den Entsafter geben.

ERDBEER-BASILIKUM-LIMONADE

ZUTATEN UND ZUBEREITUNG FÜR 2 GLÄSER

1 Handvoll Erdbeeren
2 Stängel Basilikum
1 Limette
Mineralwasser
Eiswürfel

1 Erdbeeren, Basilikum und Limette waschen. Erdbeeren aufschneiden, die Limette vierteln. Erdbeeren, Basilikum und Limette in die Gläser füllen und mit einem Mörserstösel leicht zerdrücken.
2 Nun Eiswürfel dazugeben und mit Mineralwasser auffüllen.

BEEREN-JOGHURT MIT PISTAZIEN

ZUTATEN UND ZUBEREITUNG FÜR 2 PORTIONEN

200 g Naturjoghurt
2 TL Honig
2 Handvoll Beeren
(Erdbeeren,
Himbeeren,
Blaubeeren)
2 EL Pistazien

1 Die Beeren waschen und trocken tupfen. Je 2 EL in die Gläser geben und mit ein paar Pistazien bestreuen.
2 Den Joghurt mit Honig glattrühren und auf die Beeren geben. Das Ganze mit den Beeren und Pistazien garnieren.

EXOTISCHE MANGO-SMOOTHIE-BOWL

ZUTATEN UND ZUBEREITUNG FÜR 2 PORTIONEN

2 Mangos
250 g Naturjoghurt
1 Maracuja
jeweils 1 EL Hanfsamen
und Chiasamen
1 EL Kokos-Chips

1 Eine Mango im Mixer pürieren und mit dem Naturjoghurt mischen. Die andere Mango schälen und in Würfel schneiden.
2 Den Mango-Joghurt in Schalen füllen und mit den Mangowürfeln, Chiasamen, Hanfsamen und Kokos-Chips garnieren.
3 Zum Schluss die Maracuja aufschneiden und das Fruchtfleisch über den Mangojoghurt geben.

POWER-MÜSLI MIT FRÜCHTEN UND NÜSSEN

ZUTATEN UND ZUBEREITUNG FÜR 2 PORTIONEN

2 Becher Naturjoghurt (150 g)
2 EL Cashewkerne
2 EL Pistazien
2 Aprikosen
1/2 Mango
2 EL Kokos-Chips
2 Himbeeren

Müsli

50 g Nüsse
50 g Mandeln
2 EL Haferflocken
1 EL Butter
1 Eiweiß
1 TL Honig
50 g getrocknete Früchte
(Rosinen, Pflaumen, Aprikosen)
1 EL Leinsamen
1 EL Hanfsamen
etwas Butter zum Anbraten
2 TL Schokoladennuggets

1 Die Nüsse, Mandeln und Trockenfrüchte grob hacken und in eine Schüssel geben. Die Haferflocken mit Butter leicht anrösten und zur Nuss-Mischung geben. Leinsamen, Hanfsamen und Honig zufügen. Eiweiß steif schlagen und ebenfalls dazugeben. Nun noch etwas Butter in einer Pfanne leicht anbräunen und unter die Müsli-mischung rühren. Alles gut vermischen und auf ein Backblech geben. Im Ofen bei 175°C für ca. 15 bis 20 Min. backen. Erkalten lassen.

2 Zubereitung Bowl
Den Naturjoghurt in die Bowl-Schüsseln geben. Das Obst waschen, Mangos in Dreiecke, die Aprikose in kleine Scheiben schneiden. Den Joghurt mit den Früchten und Nüssen garnieren. Das Müsli mit Schokoladennuggets verfeinern und in die Schale geben. Mit einer Himbeere garnieren.

Frühstücks-Ideen

ENERGY-BOWL MIT BEEREN

ZUTATEN UND ZUBEREITUNG FÜR 2 PORTIONEN

400 g Magerquark
2 EL Honig
etwas Wasser
2 Handvoll Erdbeeren
1 Handvoll Trauben
1 Handvoll Himbeeren
2 TL Hanfsamen
2 EL Nüsse
1 TL Kokos-Chips

1 Erdbeeren, Trauben und Himbeeren waschen. 1 Handvoll Erdbeeren in den Mixer geben und fein pürieren. Den Quark mit etwas Wasser und Honig glattrühren. Die Nüsse fein hacken und unter den Quark rühren, die pürierten Erdbeeren ebenfalls.

2 Den Quark in Schüsseln geben. Mit den Früchten, Hanfsamen und Kokos-Chips garnieren.

AVOCADO-TOAST MIT EI

ZUTATEN UND ZUBEREITUNG FÜR 2 PORTIONEN

2 Avocados
2 Eier
1 Prise Salz
1 Prise Pfeffer
1 EL Zitronensaft
1 Prise Chili
2 Scheiben Vollkornbrot/Vollkorntoast
etwas Basilikum oder Petersilie

1 Die Eier 4 bis 5 Min. kochen, schälen und in Scheiben schneiden. Die Avocados öffnen und das Fruchtfleisch herausholen. Mit einer Gabel zerdrücken. Mit Salz, Pfeffer, Chili und Zitronensaft würzen.

2 Die Avocadocreme auf zwei Brotscheiben streichen und mit den Eiern und Basilikum garnieren.

HAFERFLOCKEN-CHIA-PUDDING

MIT FRÜCHTEN

ZUTATEN UND ZUBEREITUNG FÜR 2 PORTIONEN

4 EL Haferflocken
4 EL Milch
1 Prise Zimt
Saft einer halben Orange
2 EL Chiasamen
1/2 Mango
2 Handvoll Beeren wie
z.B. Erdbeeren, Blaubeeren,
Himbeeren oder Johannisbeeren
ein paar Kirschen
2 Stängel Minze

1 Die Haferflocken mit der Milch im Topf aufkochen und mit Zimt würzen. Erkalten lassen und in Gläser füllen. Chiasamen in den Orangensaft geben und quellen lassen. Mango und Beeren in Stücke schneiden.
2 Das Obst auf die Haferflocken geben und danach den Chiapudding auf den Früchten verteilen. Mit Kirschen und Minzblättern garnieren.

Suppen

SCHARFE SÜSS-KARTOFFELSUPPE

ZUTATEN UND ZUBEREITUNG FÜR 2 PERSONEN

2 große Süßkartoffeln
4 Schalotten
etwas Wasser
2 EL Creme fraîche
1 Prise Salz
1 Prise Pfeffer
1 Prise Chili
2 EL Olivenöl
1 TL geröstete Kerne (Kürbiskerne, Sonnenblumenkerne)
1 Stängel frisches Basilikum
2 TL Cranberry-Marmelade

1 Die Süßkartoffeln und Schalotten schälen. Süßkartoffeln in Würfel schneiden, Schalotten in Streifen. Auf ein Backblech geben und mit Salz, Pfeffer, Chili und Olivenöl würzen. Für ca. 20 Min. im Backofen rösten.
2 Danach dieses Gemisch mit Creme fraîche und eventuell etwas Wasser fein pürieren. In zwei Suppenschüsseln geben und mit der Cranberry-Marmelade, den Kernen und Basilikum garnieren.

ERFRISCHENDE GUACAMOLE-SUPPE

ZUTATEN UND ZUBEREITUNG FÜR 2 PERSONEN

3 Avocados
1 Limette
4 Cocktailtomaten
2 Stängel Petersilie
1 rote Zwiebel
1 Prise Salz
1 Prise Pfeffer
1 Prise Chili

1 Von den Avocados die Schale entfernen und entkernen. Von der Limette die Schale entfernen und vierteln. Avocados und Limette in den Mixer geben. Die Mischung in ein Gefäß geben.

2 Tomaten und Petersilie waschen, von der Zwiebel die Schale entfernen. Die Tomaten und Zwiebeln fein würfeln, die Petersilie fein hacken. Die Tomaten, Zwiebeln und Petersilie unter die Guacamole-Suppe rühren und mit Salz, Pfeffer und Chili abschmecken.

JAPANISCHE RAMEN SUPPE

ZUTATEN UND ZUBEREITUNG FÜR 2 PERSONEN

2 Hähnchenbrustfilets
2 Eier
10 Zuckerschoten
1 Karotte
250 g chinesische Nudeln
2 Radieschen
1 Frühlingszwiebel
2 Chilis
1 Prise Knoblauch
1 Stängel Petersilie
2 EL Erdnüsse
1/2 l Gemüsebrühe
1 Prise Salz
1 Prise Pfeffer
1 Prise Chili
1 EL Essig
4 EL Sojasoße
1 Limette
1 Stängel Zitronengras

1 Das Hähnchenbrustfilet mit Salz, Pfeffer und Chili würzen und knusprig braun anbraten. In feine Scheiben schneiden. Das Gemüse waschen. Die Karotte in feine Streifen schneiden, die Radieschen, die Frühlingszwiebeln und Chilis in feine Scheiben, die Limette vierteln.

2 Anschließend die Gemüsebrühe erwärmen und die chinesischen Nudeln sowie das Zitronengras darin ziehen lassen. Die Sojasoße und den Knoblauch ebenfalls dazu geben. Die Eier 4 bis 5 Min. kochen lassen.

3 Wenn die Nudeln weich sind, die Brühe mit den Nudeln in Suppenschüsseln geben. Danach mit dem Fleisch, dem Gemüse, den Eiern, den Erdnüssen, den Frühlingszwiebeln, der Limette und der Petersilie garnieren.

VEGETARISCHES CHILI

ZUTATEN UND ZUBEREITUNG FÜR 2 PORTIONEN

1 große Zwiebel
1 Glas Mais
1 Glas Kidneybohnen
1 Glas Kichererbsen
1 Tube Tomatenmark (200 g)
1 Glas passierte Tomaten
100 ml Wasser
1 Prise Salz
1 Prise Pfeffer
2 TL Gemüsebrühe-Pulver
1 Prise Kurkumapulver
1 Prise Chili
1 Prise Paprika
1 Prise Kreuzkümmel
1 Prise Knoblauch
2 EL Olivenöl

1 Die Zwiebel fein würfeln und in 2 EL Olivenöl anbraten. Das Tomatenmark, die passierten Tomaten und das Wasser dazugeben und köcheln lassen. **2** Nun den Mais, die Kidneybohnen und die Kichererbsen dazugeben. Mit Salz, Gemüsebrühe, Pfeffer, Kurkuma, Paprika, Chili, Kreuzkümmel und Knoblauch würzen. Noch etwas köcheln und durchziehen lassen.

FRUCHTIGER WILDKRÄUTERSALAT

MIT SPARGEL UND ERDBEEREN

ZUTATEN UND ZUBEREITUNG FÜR 2 PERSONEN

2 Handvoll Wildkräuter und Blüten
wie Rucola, Kresse, Löwenzahn,
Blutampfer, Schafgarbe,
Gänseblümchen, Kapuzinerkresse-
Blüten, Schnittlauch-Blüten
1 Handvoll Erdbeeren
200 g Spargel

Dressing
1 Prise Salz
1 Prise Pfeffer
2 EL Honig
1 EL Senf
1 EL weißer Balsamico
2 EL Olivenöl
3 EL Wasser
2 EL Creme fraîche
1 EL Küchenkräuter
2 Stängel Petersilie
1/2 Bund Schnittlauch

1 Spargel, Erdbeeren, Wildkräuter und
Blüten waschen. Spargel schräg in ca.
5 cm lange Stücke schneiden und ca.
5 Min. in Salzwasser kochen. Abtropfen
lassen und mit halbierten Erdbeeren
sowie Wildkräutern und Blüten in
einer Schüssel schön anrichten.
2 Für das Dressing werden alle Zutaten
gut vermischt und danach die kleingehackte Petersilie sowie Schnittlauch
dazu gegeben. Kurz vor dem Servieren
das Dressing über den Salat geben.

MEXIKANISCHER TACOSALAT IM GLAS

ZUTATEN UND ZUBEREITUNG FÜR 2 PERSONEN

2 Karotten
1 kleine Zucchini
1/2 Paprika
1 Schalotte
2 EL Tomatenmark
2 EL Olivenöl
1 kleines Glas Mais
5 Salatblätter
1 kleines Glas Kidneybohnen
10 Cocktailtomaten
1 kleine rote Zwiebel
1 Limette

Dressing
1 EL Senf
2 EL Honig
1 EL Olivenöl
2 TL Balsamico-Essig
2 EL Wasser
2 EL Sahne
1 Prise Salz
1 Prise Pfeffer
1 Prise Chili
1 EL Küchenkräuter

1 Karotte, Zucchini und Paprika waschen und in kleine Würfel schneiden. Die Schalotte schälen und in Stifte schneiden. Das Gemüse mit Salz, Pfeffer, Paprika und Chili würzen und mit Olivenöl und Tomatenmark vermischen. Im Ofen etwa 20 Min. rösten.
2 Mais und Bohnen abtropfen lassen. Die Salatblätter klein schneiden, Tomaten waschen und halbieren, die Zwiebel schälen und kleinschneiden. Nun das geröstete Gemüse, Mais, Salatblätter, Bohnen, Tomaten und Zwiebeln in ein Glas schichten. Alle Zutaten des Dressings glatt rühren und mit dem Salat sowie Pitabrot servieren.

FRUCHTIG-PIKANTER MELONEN-FETA-SALAT

ZUTATEN UND ZUBEREITUNG FÜR 2 PERSONEN

1/2 kleine Wassermelone
200 g Fetakäse
2 EL Pinienkerne
1 Handvoll Rucola
1 Stängel Minze

1 Die Wassermelone halbieren und mundgroße Würfel herauslösen. Den Fetakäse in Würfel schneiden. Rucola und Minze waschen und etwas zerkleinern.
2 Pinienkerne in einer Pfanne goldbraun rösten. Nun alles in der halben Melone schön anrichten und mit Minze und einer Kapuzinerkresse-Blüte garnieren.

 *Salate*

DEFTIGER KICHERERBSEN-SALAT

ZUTATEN UND ZUBEREITUNG FÜR 2 PORTIONEN

1 Glas Kichererbsen
1/2 Salatgurke
12 Cocktailtomaten
1 Avocado
200 g Feta
2 Stängel Petersilie
1 Prise Salz
1 Prise Pfeffer
2 EL weißer Balsamico-Essig
2 EL Olivenöl

1 Die Kichererbsen abtropfen lassen. Tomaten, Gurke und Petersilie waschen. Gurke in Würfel schneiden, Tomaten vierteln, Petersilie grob kleinschneiden. Die Avocado und den Fetakäse ebenfalls in Würfel schneiden.
2 Alles gut vermischen und mit Salz, Pfeffer, Balsamico-Essig und Öl würzen.

BUNTER KARTOFFELSALAT

MIT EIERN UND GEMÜSE

ZUTATEN UND ZUBEREITUNG FÜR 2 PORTIONEN

500 g festkochende Kartoffeln
3 Eier
4 Gewürzgurken
1/2 gelbe Paprika
1 Avocado
2 EL Mais
10 Cocktailtomaten
1 rote kleine Zwiebel
1 Bund Schnittlauch
2 EL Joghurt
2 EL Creme fraîche
1 Prise Salz
1 Prise Pfeffer
1 EL Senf

1 Kartoffeln schälen und kochen. Danach in Würfel schneiden. Eier kochen und würfeln. Gewürzgurken und Avocado in Würfel schneiden. Die Paprika, Tomaten und den Schnittlauch waschen. Paprika und Schnittlauch kleinschneiden, Tomaten vierteln.
2 Die Zwiebel fein hacken. Den Mais abtropfen lassen und alles zu den Kartoffeln geben. Mit dem Joghurt, Creme fraîche, Salz, Pfeffer und Senf gut vermischen. Eventuell noch etwas von der Brühe der Gewürzgurken dazugeben. Mit Schnittlauchröllchen verzieren.

Salate

BOHNEN-PILZ-SALAT

ZUTATEN UND ZUBEREITUNG FÜR 2 PORTIONEN

200 g Bohnen
8 Champignons
1/2 Schalotte
50 g Erbsen
1 kleine Karotte
50 g Schafskäse
2 EL Balsamico-Creme
1 Stängel Basilikum
1 Handvoll Blutampfer
Butter zum Anbraten

1 Die Bohnen und Erbsen kurz dämpfen und in Butter anbraten. Die Schalotte klein würfeln, die Champignons in Scheiben schneiden und beides ebenfalls in Butter anbraten. Blutampfer und Basilikum waschen. Blutampfer in die Salatschüssel geben.
2 Bohnen, Erbsen, Schalotte und Champignons mischen und auf den Blutampfer verteilen. Schafskäse klein schneiden und über den Salat geben. Die Karotte in feine Stifte hobeln und ebenfalls dazugeben. Mit der Balsamico-Creme würzen.

Salate

NUDELSALAT BELLA ITALIA

ZUTATEN UND ZUBEREITUNG FÜR 2 PORTIONEN

250 g Farfalle Nudeln
1 Bund Rucola
12 Cocktailtomaten
2 EL Pinienkerne
150 g Mozzarella in kleinen Kugeln
100 g getrocknete Tomaten in Öl
30 g Parmesan
1 Prise Salz
1 Prise Pfeffer
1 Prise Chili
1 EL Essig
1 EL Olivenöl

1 Die Nudeln abkochen. Den Rucola und die Cocktailtomaten waschen und kleinschneiden.
2 Die getrockneten Tomaten kleinschneiden und die Mozzarella halbieren. Alles zu den Nudeln dazugeben.
3 Die Pinienkerne in einer Pfanne anrösten und über den Salat geben. Mit Salz, Pfeffer, Chili, Essig und Olivenöl würzen. Zum Schluss den Parmesan über den Salat hobeln.

BUNTER QUINOA-SALAT

ZUTATEN UND ZUBEREITUNG FÜR 1 SCHÜSSEL SALAT

300 g Quinoa
1 rote Zwiebel
14 Cocktailtomaten
1 Avocado
1 Glas Mais
1 Bund Rucola
1/2 Bund Petersilie
200 g Schafskäse
4 Eier
1 Stück Rotkohl
1 Prise Salz
1 Prise Pfeffer
1 Prise Chili
2 EL weiße Balsamico-Creme

1 Quinoa kochen. Tomaten, Rucola und Petersilie waschen und klein schneiden. Avocado, Zwiebel und Schafskäse ebenfalls klein schneiden. Den Rotkohl fein reiben. Die Eier abkochen und ebenfalls in Würfel schneiden.
2 Alles in einer Schüssel anrichten. Mit Salz, Pfeffer, Chili und Balsamico-Creme würzen und etwas durchziehen lassen.

ORIGINELLE OBST-PLATTE

ZUTATEN UND ZUBEREITUNG FÜR 1 GROSSE PLATTE

Mango
Melone
Erdbeeren
Himbeeren
Kiwi
Maracuja
Blaubeeren
Kumquats
Kirschen
Stachelbeeren
Aprikosen
Bergpfirsiche
Johannisbeeren
Minze
Sommerblüten

1 Das Obst waschen und trockentupfen. Von der Mango zwei dicke Scheiben abschneiden, kreuzweise einschneiden und nach oben klappen. **2** Das restliche Obst nach Lust und Laune aufschneiden wie z.B. Kiwis in Scheiben, Aprikosen vierteln, Melone in Dreiecke oder die Maracuja halbieren. Nun alle Früchte auf einer Platte schön arrangieren und mit Sommerblüten verzieren.

HONIG-FEIGE-SENF-DIP

ZUTATEN UND ZUBEREITUNG FÜR 1 PORTION DIP

200 g Frischkäse
4 EL Feigensenf
1 EL Honig
1 Prise Chili
1 Prise Salz

Den Frischkäse mit Feigensenf, Honig, Chili und Salz glattrühren.

BÄRLAUCH-SCHAFSKÄSE-CREME

ZUTATEN UND ZUBEREITUNG FÜR 1 PORTION CREME

200 g Schafskäse
1 Bund Bärlauch
1 Prise Salz
1 Prise Pfeffer
etwas Wasser

1 Den Bärlauch fein hacken. Den Schafkäse im Mixer mit etwas Wasser zu einer glatten Creme mixen.
2 Den Bärlauch unter die Schafskäse-Creme rühren und mit Salz und Pfeffer würzen.

HUMMUS MIT FALAFEL

ZUTATEN UND ZUBEREITUNG FÜR 1 PORTION DIP UND 10 FALAFEL

Hummus
1 Glas Kichererbsen (250 g)
2 EL Tahini
Saft einer 1/2 Zitrone
3 EL Olivenöl
1 Knoblauchzehe
2 EL Wasser
1 Prise Salz
1 Prise Paprika
1 Prise Kreuzkümmel
Granatapfelkerne zum Garnieren

Falafel
200 g Kichererbsen
1 Schalotte
1 Knoblauchzehe
1 Prise Salz
1 Prise Pfeffer
1 Prise Kreuzkümmel
etwas Backpulver
1 EL Olivenöl
1 TL Zitronensaft
2 EL kleingehackte Petersilie
Öl zum Frittieren

1 Die abgetropften Kichererbsen im Mixer mit Tahini, Zitronensaft, Olivenöl, Knoblauchzehe und den Gewürzen zu einer glatten Creme verarbeiten. Den Dip mit Granatapfelkernen verzieren.
2 Die abgetropften Kichererbsen mit den kleingehackten Schalotten, Knoblauch, Petersilie, Gewürzen, Backpulver und Olivenöl im Mixer pürieren.
3 Die Masse zu kleinen Bällchen formen und in einer Pfanne goldgelb braten. Die Falafel mit dem Hummus-Dip servieren.

SÜSSKARTOFFEL-POMMES

MIT AVOCADO-DIP

ZUTATEN UND ZUBEREITUNG FÜR 2 PERSONEN

2 große Süßkartoffeln
1 Avocado
1 Prise Salz
1 Prise Pfeffer
1 Prise Chili
1 EL Zitronensaft
Öl zum Frittieren

1 Die Süßkartoffeln in Streifen schneiden und in einer Pfanne mit Öl frittieren.

2 Für den Avocado-Dip das Fruchtfleisch aus der Avocado lösen und mit Zitronensaft beträufeln. Mit Salz, Pfeffer und Chili würzen. Die Süßkartoffeln vor dem Servieren salzen.

BRUSCHETTA Á LA DIANA

ZUTATEN UND ZUBEREITUNG FÜR 2 PERSONEN

1/2 Baguette
4 EL Tomatenmark
2 EL Olivenöl
20 g Parmesan
1 Prise Salz
1 Prise Pfeffer
1 Prise Paprika
1 Prise Kräuter der Provence
1 Prise Chili
1 kleine rote oder gelbe Paprika
12 Cocktailtomaten
150 g Mozzarella
1 Bund Basilikum
2 EL Balsamico-Creme

1 Das Baguette in Scheiben schneiden. Tomatenmark mit Olivenöl glattrühren und mit Salz, Pfeffer, Paprika, Kräuter der Provence, Chili und geriebenem Parmesan würzen. Die Tomatencreme auf die Brote streichen.

2 Tomaten, Paprika und Basilikum waschen. Tomaten, Paprika und Mozzarella würfeln und auf die Brote geben. Im Ofen 10 Min. backen. Danach mit Basilikumblättern und Balsamico-creme verzieren.

TEX-MEX-BOWL

ZUTATEN UND ZUBEREITUNG FÜR 2 BOWLS

2 große Salatblätter
1 kleines Glas Mais
1 kleines Glas Kidneybohnen
12 Cocktailtomaten
1 Avocado
1/2 Paprika
1 kleine rote Zwiebel
2 kleine Chilischoten
100 g Quinoa
ein paar Tacochips
4 EL Barbeque-Soße
(Rezept S. 138/139)

1 Quinoa kochen und erkalten lassen. Salat waschen. Tomaten vierteln, Avocado, Paprika und Zwiebeln in Würfel schneiden.
2 Quinoa und das Gemüse mit den Taco-Chips in einer Schüssel schön anrichten und mit Barbeque-Soße servieren.

ORIENTALISCHE BOWL MIT FALAFEL

ZUTATEN UND ZUBEREITUNG FÜR 2 BOWLS

100 g bunte Quinoa
1 Avocado
10 Falafel (Rezept S. 96/97)
4 EL Kichererbsen
4 EL Hummus (Rezept S. 96/97)
2 EL geröstetes Gemüse
(1 Schalotte, 1 Karotte, 1/2 Paprika,
1/2 Zucchini, 1/2 Aubergine,
2 EL Tomatenmark, 2 EL Olivenöl,
Rezept S. 76/77)
2 EL Granatapfelkerne
1 EL Pistazien
1 Stängel Minze
2 Kumquats
2 Chilischoten

Quinoa kochen. Die Kichererbsen in einer Pfanne rösten. Avocado aufschneiden. Alles in einer Schüssel schön arrangieren.

Bowls

LACHS-AVOCADO-BOWL

ZUTATEN UND ZUBEREITUNG FÜR 2 BOWLS

100 g Quinoa
1 Avocado
100 g Schafskäse
ein paar Blätter Friseesalat und Rucola
200 g Lachs
6 Zuckerschoten
2 Chilischoten
2 Physalis
Blüten zum Verzieren
2 EL Crème fraîche
1 TL Senf
1 Prise Salz
1 Prise Pfeffer
1 Stängel Petersilie

1 Quinoa abkochen. Avocado und Schafskäse würfeln. Den Salat und die Zuckerschoten waschen und trockentupfen.
2 Alle Zutaten in eine Schüssel schichten und mit Blüten und Petersilie verzieren.

VEGGIE-BOWL

ZUTATEN UND ZUBEREITUNG FÜR 2 BOWLS

100 g Quinoa
2 Süßkartoffeln
1 Prise Salz
1 Prise Pfeffer
2 EL Olivenöl
4 EL geröstetes Gemüse
(Rezept S. 76/77)
100 g Schafskäse
2 Eier
12 Zuckerschoten
Basilikum

1 Quinoa und Eier kochen. Schafskäse in Würfel schneiden, Eier vierteln.
2 Süßkartoffeln in Würfel schneiden, salzen, pfeffern und mit Öl vermischen. Im Backofen anrösten.
3 Zuckerschoten und Basilikum waschen. Nun alle Zutaten in einer Schüssel schön anrichten.

GRIECHISCHE BOWL

ZUTATEN UND ZUBEREITUNG FÜR 2 BOWLS

300 g Hähnchenbrustfilet
1 Prise Salz
1 Prise Pfeffer
1 Prise Kräuter der Provence
Öl zum Anbraten
100 g bunte Quinoa
1/2 Gurke
1/2 gelbe Paprika
12 Cocktailtomaten
1 kleine rote Zwiebel
100 g Schafskäse
Basilikum zum Garnieren
2 EL weiße Balsamico-Creme
1 Prise Salz
1 Prise Pfeffer
3 EL Olivenöl

1 Quinoa abkochen. Die Hähnchenbrustfilets in kleine Stücke schneiden. Mit Salz, Pfeffer und Kräuter der Provence würzen, auf Spieße stecken und in Öl anbraten.

2 Gurke, Paprika, Tomaten und Basilikum waschen. Gurke in Scheiben, Paprika in Streifen schneiden und Tomaten würfeln. Zwiebel in kleine Würfel schneiden. Schafskäse ebenfalls würfeln.

3 Alle Zutaten in einer Schale schön anrichten. Mit Basilikum garnieren. Balsamico-Creme mit Olivenöl vermischen, salzen, pfeffern und dazu servieren.

Bowls

BELLA ITALIA BOWL

ZUTATEN UND ZUBEREITUNG FÜR 2 BOWLS

250 g Tortellini
1 EL Öl
1 EL Tomatenmark
1 Prise Salz
1 Prise Pfeffer
6 EL gebratenes Gemüse
(Rezept S. 76/77)
12 Cocktailtomaten
10 kleine Mozzarella-Kugeln
1/2 gelbe Paprika
20 Oliven
10 Grissinis
frisches Basilikum
1/2 Bund Rucola
2 Chilischoten

1 Tortellini kochen und danach in Olivenöl und Tomatenmark schwenken. Mit Salz und Pfeffer würzen. Tomaten, Paprika, Rucola und Basilikum waschen. Tomaten halbieren, Paprika in Streifen schneiden. Mozzarella-Kugeln ebenfalls halbieren.
2 Nun alle Zutaten in einer Schüssel hübsch anrichten.

SUSHI-BOWL MIT TERRIYAKI-HÜHNCHEN

ZUTATEN UND ZUBEREITUNG FÜR 2 PERSONEN

8 California Sushi Rolls mit Avocado
1/2 Avocado
18 Zuckerschoten
2 Hähnchenbrustfilets
2 EL Teriyaki-Soße
Öl zum Anbraten
1 Prise Salz
1 Prise Pfeffer
1 Prise Chili
250 g chinesische Nudeln
1 Radieschen
2 Chilischoten
2 Kumquats
2 EL Cashew-Kerne
2 EL Sprossen
1 Prise weißer Sesam
3 EL Erdnussbutter
2 EL Olivenöl
etwas Wasser
1 Prise Chili
10 g frischer Ingwer

1 Die Hähnchenbrustfilets in Stücke schneiden und auf zwei Spieße stecken. Mit Salz, Pfeffer und Chili würzen und mit der Teriyaki-Soße marinieren. In Öl anbraten.

2 Die chinesischen Nudeln abkochen. Die Zuckerschoten, Radieschen und Kumquats waschen. Die Avodado und Radieschen in Scheiben schneiden, die Kumquats halbieren.

3 Alle Zutaten schön in einer Schüssel anrichten. Für die Erdnusssoße die Erdnussbutter, Olivenöl, Wasser, Chili sowie fein geriebenen Ingwer vermischen und dazu servieren.

PROTEIN BOWL MIT GARNELEN

ZUTATEN UND ZUBEREITUNG FÜR 2 BOWLS

400 g Kartoffeln
2 EL Olivenöl
1 Prise Salz
1 Prise Pfeffer
1 Prise Kräuter der Provence
1 Prise Paprika
1 Prise Kurkuma
2 Handvoll Bohnen
etwas Butter zum Anbraten
2 Handvoll Brokkoli
4 EL Erbsen
2 Eier
2 Handvoll Garnelen
etwas Butter zum Anbraten
2 TL Hanfsamen
2 EL Quark
1 TL Zitronensaft
1 Prise Salz
1 Prise Pfeffer
1 TL Senf
Petersilie zum Garnieren

1 Die Kartoffeln schälen und in Würfel schneiden. Mit Salz, Pfeffer, Kurkuma, Paprika, Kräuter der Provence und Öl würzen und im Ofen ca. 20 Min. rösten. Bohnen, Brokkoli und Petersilie waschen. Brokkoli, Erbsen und Bohnen kurz im Salzwasser blanchieren. Die Eier 4 bis 5 Min. kochen. Die Bohnen in Butter anbraten. Garnelen ebenfalls anbraten.
2 Nun alle Zutaten in einer Schüssel schön anrichten. Für den Dip den Quark, Zitronensaft, Salz, Pfeffer und Senf verrühren und dazu servieren.

KARIBISCHE BOWL

ZUTATEN UND ZUBEREITUNG FÜR 2 BOWLS

2 Hähnchenbrustfilets
1 Prise Salz, 1 Prise Pfeffer
1 Prise Paprika, 1 Prise Kurkuma
1 Prise Knoblauch, 1 Prise Zimt, 1 Prise Chili
1 Prise Piment, 1 Prise Thymian
Öl zum Anbraten
2 Süßkartoffeln
2 EL Olivenöl
1 Prise Salz, 1 Prise Pfeffer
1 Avocado
1 EL Limettensaft
1 Handvoll Himbeeren
1 Paar Johannisbeeren
1 Handvoll Babyspinat
2 Kapstachelbeeren
Sommerblüten
je 1 Stängel Minze und Basilikum

Mango-Chutney
2 Mangos
2 rote Zwiebeln
3 cm frischer Ingwer , 1 kleine Chili
2 EL Himbeer-Essig, Saft von 1 Limette
2 EL Honig, 1 Prise Kurkuma
1 Prise Salz, 1 Prise Pfeffer , 1 EL Kokosöl

1 Die Hähnchenbrustfilets mit Salz, Pfeffer, Paprika, Kurkuma, Knoblauch, Zimt, Chili, Piment und Thymian würzen, in Öl anbraten und in feine Scheiben schneiden. Die Süßkartoffeln in Würfeln schneiden und mit Olivenöl mischen. Im Ofen etwa 15 Min. rösten, salzen und pfeffern. Die Avocado in Würfel schneiden und mit Limettensaft mischen. Die Früchte, Spinat, Minze und Basilikum waschen. Alles in einer Schüssel schön anrichten.

2 Das Mango-Chutney kann schon im Voraus zubereitet und im Kühlschrank für einige Tage aufbewahrt werden. Die Mangos schälen, vom Kern entfernen und klein schneiden. Die Zwiebeln ebenfalls klein schneiden. Den Ingwer fein reiben. Die Zwiebeln in Kokosöl glasig dünsten. Die Mangos dazugeben und köcheln lassen. Ingwer, Limettensaft, Essig und Honig dazugeben und mit Chili, Kurkuma, Salz und Pfeffer würzen. So lange köcheln lassen bis eine sämige Soße entstanden ist. Das Chutney zum Karibik Bowl servieren.

MEXIKANISCHE WRAPS

ZUTATEN UND ZUBEREITUNG FÜR 2 PORTIONEN

2 Wraps
Ein paar Salatblätter
1 kleines Glas Mais
1 kleines Glas Kidneybohnen
1 kleine rote Zwiebel
6 Cocktailtomaten
1/2 rote Paprika
ein Paar Tacochips
4 EL vegetarisches Chili
(Rezept S. 72/73)
2 EL Sauerrahm
1/2 Limette
1 Prise Chili
1 Prise Salz
1 Prise Pfeffer
1 Stängel Petersilie

1 Salatblätter, Tomaten, Paprika und Petersilie waschen. Salatblätter in kleine Stücke schneiden, Tomaten, Zwiebeln und Paprika würfeln. Tacochips zerkleinern. Nun Salat, Mais, Bohnen, Tomaten, Zwiebeln, Paprika, Chips, vegetarisches Chili sowie Sauerrahm auf dem Wrap verteilen.
2 Mit Salz, Pfeffer und Chili würzen. Die Wraps aufrollen und in Scheiben schneiden. Mit Petersilie garnieren.

GRIECHISCHE WRAPS

ZUTATEN UND ZUBEREITUNG FÜR 2 PORTIONEN

2 Wraps
4 Salatblätter
4 EL geröstetes Gemüse
(Rezept S. 76/77)
gebratene Hähnchenwürfel
(Rezept S. 110/111)
2 EL Schafskäse-Würfel
2 EL Ajvar
6 Cocktailtomaten

1 Die Salatblätter und Tomaten waschen. Tomaten in Würfel schneiden, Salatblätter klein schneiden.
2 Die Wraps mit dem Ajvar bestreichen und dann die restlichen Zutaten auf den Wraps verteilen, aufrollen und in Scheiben schneiden.

WRAPS CAESARS STYLE

ZUTATEN UND ZUBEREITUNG FÜR 2 PORTIONEN

2 Wraps
4 Salatblätter
2 Hähnchenbrustfilets
1 Prise Salz
1 Prise Pfeffer
Öl zum Anbraten
2 Scheiben Toast
1 Prise Salz
etwas Butter
2 EL geriebener Parmesan
2 EL geriebener Emmentaler

Dressing
2 EL Mayonnaise
1 Spritzer Zitronensaft
ein paar Spritzer
Worcestershire-Soße
1 TL Senf
1 Prise Salz
1 Prise Pfeffer

1 Die Hähnchenbrustfilets mit Salz und Pfeffer würzen und in Öl anbraten. In Stücke schneiden.
2 Die Salatblätter waschen und zerkleinern. Den Toast in Würfel schneiden und in großzügig Butter anbraten sowie salzen. Nun alle Zutaten auf den Wraps verteilen.
3 Für das Dressing Mayonnaise, Zitronensaft, Senf, Worcestershire-Soße, Salz und Pfeffer vermischen und ebenfalls auf die Wraps geben. Wraps aufrollen und in der Hälfte aufschneiden.

WRAPS À LA RATATOUILLE

ZUTATEN UND ZUBEREITUNG FÜR 2 PORTIONEN

2 Wraps
1 Bund Rucola
8 EL geröstetes Gemüse
(Rezept S. 76/77)
4 EL Schafskäse-Würfel

Rucola waschen und kleinschneiden. Das geröstete Gemüse auf den Wraps verteilen. Mit Rucola bestreuen, Schafskäse darauf geben. Wraps aufrollen und in Scheiben schneiden.

DEFTIGE GEMÜSE-BURGER

MIT QUARK-DIP

ZUTATEN UND ZUBEREITUNG FÜR 10 BURGER

1 Zucchini
1 Karotte
1/2 Kohlrabi
1 Schalotte
2 Eier, 20 g Parmesan
5 EL Mehl (Sorte kann je nach Belieben gewählt werden wie z.B. Vollkornmehl, Maismehl, Kokosmehl)
1 Prise Salz, 1 Prise Pfeffer
1 Prise Chili, 1 Prise Muskat
1 EL Gemüsebrühe-Pulver
1 EL Hanfsamen
1 EL Chiasamen
Öl zum Anbraten
1/2 Bund Petersilie

Dip
150 g Quark
1 EL Zitronensaft
1 Prise Salz
1 Prise Pfeffer
1 TL Senf
1/2 Bund Schnittlauch

1 Zucchini, Karotte, Kohlrabi und Petersilie waschen. Zucchini, Karotte, Kohlrabi und Parmesan fein reiben. Die Schalotte und Petersilie klein schneiden.

2 Alles in eine Schüssel geben. Eier, Mehl und Gewürze dazugeben und daraus kleine Burger formen. In Öl goldbraun und knusprig braten.

3 Für den Dip den Quark mit Zitronensaft und Gewürzen verrühren. Den Schnittlauch klein schneiden und dazugeben.

GEMÜSE-FLAMMKUCHEN

ZUTATEN UND ZUBEREITUNG FÜR 1 FLAMMKUCHEN

Hefeteig
200 g Mehl
1/4 Würfel Hefe
2 EL Olivenöl
1/2 TL Salz
150 g Wasser

Belag
150 g Creme fraîche
1 Prise Salz
1 Prise Pfeffer
1 rote Zwiebel
1 Süßkartoffel
1 kleines Glas Mais
1/2 rote Paprika
1/2 Zucchini
100 g geriebener Käse
2 EL Schnittlauch-Röllchen

1 Mehl mit Hefe, Olivenöl, Salz und Wasser zu einem Teig verarbeiten und 1,5 Std. gehen lassen. Den Teig dünn auf einem Blech ausrollen. Mit Creme fraîche bestreichen und mit Salz und Pfeffer würzen.

2 Die Zwiebel in Ringe schneiden. Süßkartoffel und Paprika würfeln, Zucchini in Scheiben schneiden. Das Gemüse auf dem Flammkuchen verteilen. Mit dem Käse bestreuen. Im Backofen bei 170°C ca. 20 Min. backen. Zum Schluss mit dem frischen Schnittlauch bestreuen.

WAFFELN AUS GERÖSTETEM GEMÜSE

MIT AVOCADO-CREME

ZUTATEN UND ZUBEREITUNG FÜR 2 PORTIONEN

1 Zucchini
1 Karotte
1 Süßkartoffel
2 Eier
1 Prise Salz
1 Prise Pfeffer
1 Prise Muskat
etwas Butter
1 Avocado
1 EL Zitronensaft
1 Prise Salz
1 Prise Pfeffer
1 Prise Chili
100 g Schafskäse
6 Cocktailtomaten
1 Stängel Basilikum

1 Die Zucchini, Karotte und Süßkartoffel fein reiben und mit den Eiern vermischen. Salz, Pfeffer und Muskat dazugeben.

2 Das Waffeleisen mit Butter bestreichen und nach und nach die Waffeln goldbraun rösten.

3 Die Avocado zerdrücken, Zitronensaft dazugeben, mit Salz, Pfeffer und Chili würzen. Auf die Waffeln geben. Schafskäse und Tomaten in Würfel schneiden und darüber geben. Mit frischem Basilikum garnieren.

MINI-BURGER

MIT KARAMELLISIERTEN ZWIEBELN UND GEMÜSE

ZUTATEN UND ZUBEREITUNG FÜR 12 MINI-BURGER

Hefeteig
400 g Mehl
100 ml Wasser
100 ml Milch
2 Eier
1/2 Würfel frische Hefe
1 TL Salz
1 TL Zucker
2 EL Olivenöl

12 Gemüse-Burger
(Rezept S. 128/129)
3 Zwiebeln
12 Salatblätter
12 Scheiben Käse
4 Tomaten
etwas Öl
Mayonnaise,
Barbeque-Soße je nach Belieben

1 Für den Hefeteig alle Zutaten miteinander verrühren und 1,5 Std. gehen lassen. Aus dem Hefeteig 12 kleine Brötchen formen oder den Teig in Muffinsformen geben und 25 Min. backen. In der Zwischenzeit die Gemüse-Burger zubereiten. Zwiebeln schneiden und in Öl anrösten. Salatblätter und Tomaten waschen, Tomaten in Scheiben schneiden.

2 Die Burgerbrötchen aufschneiden. Mit Salatblättern belegen. Gemüse-Burger, Tomaten, Käse und Röstzwiebeln sowie Mayonnaise und Barbeque-Soße darauf geben. Den Deckel des Brötchens aufsetzen und servieren.

TACOS MIT VEGETA-RISCHEM CHILI

ZUTATEN UND ZUBEREITUNG FÜR 4 TACOS

4 Taco-Schalen
4 – 5 Salatblätter
1 kleine rote Zwiebel
1 kleines Glas Mais
6 Cocktailtomaten
12 EL vegetarisches Chili
(Rezept S. 72/73)
4 TL Sauerrahm
100 g geriebener Emmentaler
Petersilie zum Garnieren

1 Salat, Tomaten und Petersilie waschen. Salat und Tomaten klein schneiden. Die Zwiebel in Ringe schneiden.
2 Das vegetarische Chili in die Taco-schalen geben. Anschließend mit Salat, Mais, Tomaten und Zwiebelringen belegen. Sauerrahm und Käse darüber geben und mit Petersilie garnieren.

CHICKEN NUGGETS
MIT SÜSSKARTOFFEL-POMMES UND BARBEQUE-DIP

ZUTATEN UND ZUBEREITUNG FÜR 2 PORTIONEN

2 Hähnchenbrustfilets
2 Eier
1 Prise Salz, 1 Prise Pfeffer
1 Prise Paprika, 1 Prise Kurkuma
2 EL Haferflocken
1 EL gemahlene Haselnüsse
Kokosöl zum Anbraten

Süßkartoffel-Pommes
2 große Süßkartoffeln
Kokosöl zum Anbraten
1 Prise Salz

Barbeque-Dip
(kann gut im Voraus vorbereitet
werden und hält sich im
Kühlschrank für 2 bis 3 Wochen):
1 Knoblauchzehe, 1 Schalotte
1 Glas passierte Tomaten
4 EL Tomatenmark
2 EL brauner Zucker
2 EL Ahornsirup
1 Prise Salz, 1 Prise Pfeffer
1 Prise Paprika
1 Prise Chili
3 EL Himbeer-Essig
2 TL Worcestershire-Soße

1 Hähnchen in kleine Nuggets schneiden. Zwei rohe Eier in eine Schale geben und verquirlen. Mit Salz, Pfeffer, Kurkuma und Paprika würzen. In eine weitere Schüssel die Haferflocken und Haselnüsse geben. Nun die Nuggets zuerst in dem Gewürz-Eier-Gemisch wenden und dann mit den Haferflocken und Haselnüssen panieren. In einer Pfanne goldbraun braten.
2 Für die Süßkartoffel-Pommes die Süßkartoffeln in Streifen schneiden. In einer Pfanne rösten und danach salzen.
3 Für den Barbeque-Dip den Knoblauch und die Schalotte ganz fein hacken und anrösten. Tomaten und Tomatenmark dazugeben, Zucker und Ahornsirup hinzufügen, würzen und alles zusammen ca. 30 Min. einkochen lassen. Immer wieder umrühren. Nun den Essig und die Worcestershire-Soße und bei Bedarf noch etwas Wasser dazugeben. Unter Rühren nochmals 45 Min. einkochen lassen bis die Soße leicht dick wird. In Gläser füllen und verschließen. Nach einigen Stunden hat sich das volle Aroma entfaltet.

GEMÜSE-PIZZA

ZUTATEN UND ZUBEREITUNG FÜR 1 RUNDE PIZZA

1/2 Blumenkohl
1 Karotte
1/2 Zucchini
2 Eier
1 Prise Salz
1 Prise Pfeffer
1 Prise Gemüsebrühe-Pulver

4 EL Tomatenmark
2 EL Olivenöl
1 Prise Salz
1 Prise Pfeffer
1 Prise Paprika
1 Prise Kräuter der Provence
1/2 gelbe Paprika
1/2 rote Paprika
1/2 Zucchini
100 g Schafskäse
1 kleine rote Zwiebel
2 EL Mais
1 Stängel Basilikum

1 Für den Teig den Blumenkohl kurz kochen und im Mixer pürieren. 1/2 Zucchini und Karotte fein reiben. Das Gemüse in eine Schüssel geben. Eier dazugeben und mit Salz, Pfeffer und Gemüsebrühepulver würzen. Diese Mischung auf ein Kuchenblech geben und im Ofen 10 Min. backen.
2 Das Tomatenmark mit dem Olivenöl, Salz, Pfeffer, Paprika und Kräuter der Provence mischen und auf den Teig streichen. Paprika, Zucchini, Zwiebel und Schafskäse klein schneiden, Mais abtropfen lassen und die Pizza damit belegen. Weitere 15 bis 20 Min. backen. Mit frischem Basilikum garnieren.

Desserts

ENERGYBALLS MIT PISTAZIEN

ZUTATEN UND ZUBEREITUNG FÜR 10 ENERGYBALLS

200 g Datteln
100 g Cashewkerne
50 g Paranüsse
2 EL Hanfsamen
100 g Pistazien

1 Die Datteln mit den Nüssen (nur die Hälfte der Pistazien verwenden) im Mixer mahlen bis eine homogene Masse entsteht. Anschließend den Hanfsamen dazugeben. Ein paar Pistazien können auch nur grob zerkleinert und dann unter die Masse gemischt werden.

2 Aus der Masse kleine Kugeln formen. Nun ein paar Pistazien nochmals im Mixer fein mahlen und die Energyballs darin wenden. Können gut im Kühlschrank für einige Tage aufbewahrt werden.

Desserts

FRUCHTIGE ENERGYBALLS

MIT KOKOS

ZUTATEN UND ZUBEREITUNG FÜR 10 ENERGYBALLS

200 g Datteln
100 g Cashewkerne
50 g Paranüsse
50 g Pistazien
100 g Trockenfrüchte wie Rosinen,
Aprikosen und Cranberries
2 EL Erdnussbutter
3 EL Kokosflocken

1 Die Datteln und Trockenfrüchte mit den Nüssen im Mixer mahlen bis eine homogene Masse entsteht. Ein paar Nüsse können auch für mehr Crunch nur grob gehackt und dann unter die Masse gemischt werden. Erdnussbutter hinzufügen.

2 Aus der Masse kleine Kugeln formen und die Energyballs in den Kokosflocken wenden. Können gut im Kühlschrank für einige Tage aufbewahrt werden.

Desserts

MINZPESTO MIT ERDBEERQUARKCREME

ZUTATEN UND ZUBEREITUNG FÜR 2 PORTIONEN QUARKCREME/MINZPESTO

250 g Magerquark
1 Stange Vanille
2 EL Honig
etwas Wasser
2 Handvoll Erdbeeren

Minzpesto
1 Bund Minze
Saft von 1 Limette
2 EL Rohrzucker
2 EL Honig

1 Das Mark einer Vanilleschote auskratzen. Den Quark mit Wasser, Honig und der Vanille glattrühren. 1 Handvoll Erdbeeren in den Mixer geben und fein pürieren. Die gemixten Erdbeeren locker unter die Quarkcreme geben. 1 Handvoll Erdbeeren in Stücke schneiden.

2 Die Minze waschen, die Limette auspressen. Minze, Limettensaft, Zucker und Honig in den Mixer geben und fein pürieren. Bei Bedarf noch etwas süßen.

3 Nun die Erdbeeren in Gläser geben und mit dem Minzpesto übergießen. Quarkcreme darüber geben und mit einer Erdbeere verzieren.

Desserts

WAFFELN MIT BEEREN UND ZITRONENCREME

ZUTATEN UND ZUBEREITUNG FÜR 10 WAFFELN

Waffeln
500 g Mehl (Vollkornmehl,
Kokosmehl – je nach Belieben)
5 Eier
250 g Butter
150 g Zucker (z.B. Dattelsüße)
1 gehäufter TL Backpulver
1 Päckchen Vanillezucker
1 Prise Salz
2 Tassen Wasser oder Milch

Zitronencreme
250 g Magerquark
etwas Wasser
2 – 3 EL Honig
Abrieb einer Bio-Zitrone
2 Handvoll Beeren (Himbeeren,
Blaubeeren, Brombeeren usw.)

1 Die Zutaten für die Waffeln zu einem glatten Teig verarbeiten und im Waffeleisen goldgelb backen.
2 Für die Quarkcreme den Magerquark mit Wasser, Honig und Zitronenabrieb glattrühren. Die Beeren waschen. Nun auf einem Tablett die Waffeln mit der Quarkcreme und den Beeren schön anrichten.

Desserts

KAROTTEN-MUFFINS

ZUTATEN UND ZUBEREITUNG FÜR 10–12 MUFFINS

1 große Karotte
30 g geschroteter Leinsamen
100 g gehackte Paranüsse
100 g gemahlene Haselnüsse
3 Eier
100 g Butter
150 g Zucker (z.B. Dattelsüße)
ausgekratztes Mark
einer Vanilleschote
1 Prise Zimt
1 Prise Salz
Puderzucker zum Bestreuen

1 Die Karotte fein reiben und mit dem Leinsamen, Paranüssen und Haselnüssen mischen.
2 Die Eier trennen. Eigelb, Butter, Zucker, Vanille und Zimt dazugeben. Die Eiweiß mit dem Salz steif schlagen und unter die Masse heben.
3 Den Teig in eine Muffinsform geben und bei 175°C ca. 35 bis 40 Min. backen. Mit Puderzucker bestreuen.

Desserts

SELBSTGEMACHTE SCHOKOLADE

MIT NÜSSEN

ZUTATEN UND ZUBEREITUNG FÜR 1 TAFEL SCHOKOLADE

150 g Kokosöl	Das Kokosöl in einem Topf erwärmen.
3 TL Kakao	Den Kakao und Honig unterrühren.
1 EL Honig	Die Nüsse fein hacken und etwas
50 g gehackte Nüsse	anrösten. Zur Schokolade geben. Die
(Cashewkerne,	Masse in eine flache Form füllen und
Haselnüsse u.ä.)	im Kühlschrank erkalten lassen.

OBSTTÖRTCHEN MIT FRÜCHTEN

ZUTATEN UND ZUBEREITUNG FÜR 10 TÖRTCHEN

200 g Datteln
50 g Pistazien
50 g Cashewkerne

200 g Magerquark
1/2 Zitrone
Mark einer ausgekratzten
Vanilleschote
2 EL Honig
1 Handvoll gemischte Beeren
(alternativ Aprikosen, Trauben, Kiwi)
1 Stängel Minze

1 Die Datteln mit den Pistazien und Cashewkernen im Mixer zu einem Teig verarbeiten. Den Teig in eine Muffinsform drücken, den Rand außen etwas nach oben ziehen und für ca. 10 Min. im Backofen bei 170°C backen.
2 In der Zwischenzeit den Quark mit ausgepresstem Zitronensaft, Honig und Vanille verrühren. Früchte waschen und eventuell klein schneiden. Die gebackenen Muffinsförmchen aus der Backform lösen und erkalten lassen. Mit der Quarkcreme befüllen und mit Früchten belegen.

SÜSSKARTOFFEL-BROWNIES

MIT FRÜCHTEN

ZUTATEN UND ZUBEREITUNG FÜR 16 STÜCK

400 g Süßkartoffeln
150 g dunkle Schokolade
80 g Kokosöl
100 g Kokosmehl
150 g Zucker (z.B. Dattelsüße)
1 Prise Salz
1 EL Pistazien
1 Handvoll Früchte (Johannisbeeren, Kirschen, Erdbeeren)

1 Die Süßkartoffeln schälen, kleinschneiden und 20 Min. dämpfen.
2 Die Schokolade und das Kokosöl im Wasserbad schmelzen. Süßkartoffeln, Schokolade-Kokosöl, Kokosmehl, Zucker und Salz in den Mixer geben und zu einem glatten Teig verarbeiten. Den Teig in eine Brownies-Form geben und für 35 bis 40 Min. backen. Mit Früchten und Pistazien verzieren.

ROHER ERDBEER-KÄSEKUCHEN

ZUTATEN UND ZUBEREITUNG FÜR 1 KUCHEN

100 g Datteln
100 g getrocknete Aprikosen
75 g Pistazien
75 g Cashewkerne
200 g Magerquark
200 g Frischkäse
Saft einer Bio-Zitrone
2 EL Honig
250 g Erdbeeren
1 EL Honig

1 Datteln, Aprikosen, Pistazien und Cashewkerne im Mixer zu einem Teig verarbeiten und in eine Kuchenform drücken. Kalt stellen.
2 In der Zwischenzeit den Quark, Frischkäse, Saft einer halben Biozitrone und 2 EL Honig verrühren. Die Quarkcreme auf den Boden streichen und ins Gefrierfach stellen.
3 Die Erdbeeren mit Honig pürieren. Auf die Quarkcreme geben und für ca. 1 Std. im Gefrierfach kühlen.

Desserts

WEISSE JOGHURT-EISSCHOKOLADE

160 – 161

ZUTATEN UND ZUBEREITUNG FÜR 1 SCHOKOLADE

100 g weiße Kuvertüre
150 g Joghurt
1 Handvoll Beeren
1 TL Pistazien

1 Die Kuvertüre im Wasserbad schmelzen, etwas abkühlen lassen und dann mit dem Joghurt glattrühren.

2 Die Früchte und Pistazien klein schneiden. Die Joghurt-Schokoladenmasse in eine flache Form geben, kleingeschnittene Früchte und Pistazien locker darauf verteilen und dann ins Gefrierfach stellen und erkalten lassen.

Verlag:
© 2019 Presse-Druck- und Verlags-GmbH
Curt-Frenzel-Straße 2, 86167 Augsburg
www.presse-druck.de

Redaktion, Konzept und Fotos:
Diana Pyter
www.koerper-experte.de, www.happy-vita.de

Produktmanagement:
Martin Hoffmann (Leitung), Julia Klas

Layout/Satz:
Corinna Ziemer, Medienzentrum Augsburg GmbH

Bildbearbeitung:
Thomas Brachert, Medienzentrum Augsburg GmbH

Druck/Produktion:
Druckerei Joh. Walch GmbH & Co KG
Im Gries 6, 86179 Augsburg

Auflage/Jahr:
1. Auflage 2019

ISBN:
978-3-9462821-4-3

Titel/Umschlag: gudrun, stock.adobe.com; Vorsatz: Natalya Levish, stock.adobe.com; S. 4/5: Yaruniv-Studio, stock.adobe.com; S. 8/9: eduard, stock.adobe.com; S. 18: emuck, stock.adobe.com; S. 21: nehopelon , stock.adobe.com; S. 23: marcin jucha, stock.adobe.com; S. 25: Leonid, stock.adobe.com; S. 27: margo555, stock.adobe.com; S. 28/29: vasabii, stock.adobe.com; S. 30: fotoknips, stock.adobe.com; S. 37: StudioDFlorez, stock.adobe.com; S. 39: maxsol7, stock.adobe.com; S. 43: gitusik, stock.adobe.com; S. 45: diidik, stock.adobe.com; S. 47: getsaraporn, stock.adobe.com; S. 49: Africa Studio, stock.adobe.com; S. 51: Marina Grau, stock.adobe.com; S. 53: Jag_cz, stock.adobe.com; S. 55: alinamaksimova, stock.adobe.com; S. 57: Valentina R., stock.adobe.com; S. 61: ValentinValkov, stock.adobe.com; S. 65: mayakova, stock.adobe.com; S. 73: phive2015, stock.adobe.com; S. 79: emuck, stock.adobe.com; S. 83: ExQuisine, stock.adobe.com; S. 85: womue, stock.adobe.com; S. 89: ariydesign, stock.adobe.com; S. 95: Frank Hoppe, stock.adobe.com; S. 97: Lev, stock.adobe.com; S. 103: fascinadora, stock.adobe.com; S. 105: Jiri Hera, stock.adobe.com; S. 109: Kanea, stock.adobe.com; S. 115: Elegant Solution, stock.adobe.com; S.121: yothinpi, stock.adobe.com; S. 123: Africa Studio, stock.adobe.com; S. 127: rdnzl, stock.adobe.com; S. 137: Xavier, stock.adobe.com; S. 143: womue, stock.adobe.com; S. 145: Christian Pedant, stock.adobe.com; S. 147: Barbara Pheby, stock.adobe.com; S. 151: kssss, stock.adobe.com; S.157: dariaustiugova, stock.adobe.com; S. 159: oxie99, stock.adobe.com; S. 161: alinamaksimova, stock.adobe.com; Nachsatz: Natalya Levish, stock.adobe.com; Buchdeckel/Umschlag: Alexander Raths, stock.adobe.com. Alle weiteren Bilder stammen von Diana Pyter.